内部信任对农民合作社绩效的影响研究

邵慧敏　著

科学出版社

北京

内 容 简 介

本书利用组织内部信任理论，采用问卷调查与定量分析、案例研究、半结构化访谈、比较分析等方法，研究我国农民合作社内部信任的结构特征，构建农民合作社"双重绩效"评价指标体系，明晰内部信任的影响因素，科学回应和解答内部信任对农民合作社绩效的形成与提升的影响，以及提出农民合作社可以通过适当的机制来培养内部信任以提升农民合作社绩效的假设，最后提出面向绩效提升的内部信任优化机制，为引导和支持农民合作社的发展提供决策依据。

本书可供相关院校农业经济管理、技术经济管理和相关专业研究人员及实际工作者参考。

图书在版编目(CIP)数据

内部信任对农民合作社绩效的影响研究 / 邵慧敏著. — 北京：科学出版社，2019.5

ISBN 978-7-03-060525-2

Ⅰ. ①内… Ⅱ. ①邵… Ⅲ. ①农业合作社-研究-中国 Ⅳ. ①F321.42

中国版本图书馆 CIP 数据核字（2019）第 027786 号

责任编辑：华宗琪 朱小刚 / 责任校对：彭 映
责任印制：罗 科 / 封面设计：墨创文化

科 学 出 版 社 出版

北京东黄城根北街16号
邮政编码：100717
http://www.sciencep.com

四川煤田地质制图印刷厂印刷

科学出版社发行 各地新华书店经销

*

2019 年 5 月第 一 版 开本：B5（720×1000）
2019 年 5 月第一次印刷 印张：10 3/4
字数：220 000

定价：**89.00 元**
（如有印装质量问题，我社负责调换）

前　言

　　从目前全国各地农民合作社的发展实践来看，合作社发展速度很快，但发展质量并不令人满意。合作社在农业农村经济发展中的作用尚没有完全发挥出来，绩效水平相对较低，而合作社内部信任程度比较低是造成这些问题的关键影响因素之一。众所周知，内部信任与合作社绩效之间存在必然的联系，那么，内部信任是如何影响合作社绩效的？内部信任又会对合作社的绩效产生多大程度的影响？影响我国合作社内部信任的关键因素有哪些？如何优化合作社内部信任机制？这些正是本书想要回答的问题。

　　为此，笔者在已有研究成果及历时一年零三个月调研的基础上，按照"文献综述—理论分析—数据采集—实证研究—总结归纳"的研究路径，对相关研究成果进行梳理及归纳，采用交易成本、博弈论、网络租金等理论对合作社内部信任与绩效问题进行研究，主要研究内容如下。

　　首先，本书明晰农民合作社组织特质并在此基础上构建了合作社绩效评估体系。本书采用搭便车博弈模型分析得出，我国合作社由小农户自发探索期及创新者探索期两个阶段组成，并且本书对云南省农民合作社发展状况（2015 年）进行了描述。同时对农民合作社进行质性界定，并探讨了合作社发展的时代特征、本土特质及合作社与公司制企业在治理方面的区别，基于此得出获取经济利益是农民加入合作社的根本动机的结论。在上述研究结论的基础上，笔者针对农民合作社构建"双重绩效"评价体系。

　　其次，本书判明合作社内部信任结构特征并进行了诱因分析，从而把内部信任结构分为关系信任与制度信任两类，并以此为基础构建了农民合作社内部信任量表，对其信度和效度进行讨论与研究，并对其进行测度。

　　再次，本书探索合作社内部信任与绩效的关系。运用结构方程模型（structural equation modeling，SEM）分析内部信任对合作社整体绩效的影响，探析关系信任、制度信任对合作社绩效（经济绩效、非经济绩效）的作用比例。在此基础上采用曲线拟合（CURVEFIT）模型对农民合作社内部信任与绩效进行了回归分析。另外，构建引入内部信任的农民合作社绩效评估的理论模型，得出隐性契约对合作社信任及绩效有一定的作用。同时，分别剖析合作、不同治理模式与内部信任交互对合作社绩效的影响，进而解析内部信任对合作社绩效的作用。

随后，本书对合作社内部信任影响因素进行了较全面的分析。本书进行了合作社内部信任影响因素 SEM 的构建及利克特量表的设计，并对量表进行了信度和效度分析，且进行了区别效度和相关分析，在此基础上完成了对结构方程的验证。考虑到数据的连续性，对其他影响因素(学历、年龄、合作社依托单位、社长社会职务)进行了差异分析。

最后，本书对农民合作社内部信任机制优化路径进行了探索。

本书采用问卷调查的方法，对云南省的建水、澜沧、禄劝、昌宁四县部分农民合作社进行了调查研究，搜集了社员与管理者的相关数据，并通过 SPSS22.0 软件和 AMOS22.0 软件对样本数据进行了整理与统计，运用因素分析方法对量表的结构效度进行了检验；运用 Alpha 系数法对量表内部的一致性信度进行了检验；运用路径分析法、回归分析法及单因素 t 检验对变量关系进行了检验。最后针对影响合作社内部信任及信任与绩效的关系构建了模型，并得出以下结论。

(1)信任对合作社绩效有正向显著影响。其中：①关系信任与制度信任均与合作社整体绩效具有正相关关系，但关系信任(0.285)对合作社整体绩效的影响明显高于制度信任(0.119)。②关系信任与制度信任均与合作社非经济绩效具有正相关关系，但关系信任(0.259)对合作社非经济绩效的影响大于制度信任(0.182)。③不管是关系信任还是制度信任对合作社经济绩效均具有正相关关系，但制度信任对经济绩效影响(0.194)高于关系信任对合作社经济绩效的影响(0.187)。

(2)社员个体因素、其他社员因素、社长因素及合作社组织因素能够对合作社内部信任产生影响，按影响大小排序为社员个体因素影响程度最大，社长因素影响程度次之，其他社员因素影响程度再次之，合作社组织因素影响程度最小，β 值分别为 0.259、0.237、0.192、0.154。在此基础上，本书进而对各因素产生影响的可测变量进行影响程度分析及排序，其中，社员个体因素相关的可测变量排序为收入(0.811)>熟悉度(0.717)>信任倾向(0.707)；其他社员因素相关的可测变量排序为声誉(0.846)>正直(0.832)>其他社员的能力(0.719)；社长因素相关的可测变量排序为责任心(0.730)>关心社员利益(0.720)>管理与经营能力(0.688)；合作社组织因素相关的可测变量排序为市场竞争能力(0.855)>外部扶持(0.772)>组织机构健全(0.711)。

(3)影响关系信任的四个因素按影响大小排序为：社长因素>其他社员因素>社员个体因素，合作社组织因素影响不显著。影响制度信任的四个因素按影响大小排序为合作社组织因素>社长因素，社员个体因素和其他社员因素影响不显著。社员学历因素对信任产生的影响程度不存在显著性差异。社员年龄因素对信任产生的影响程度存在显著性差异，信任水平随年龄的增长而提高。社长社会职务对信任产生的影响程度存在显著性差异，有社会职务社长的信任水平处于较高值。

(4)要使社员相信合作社会采取信任行为，必须对隐性契约进行激励。从机会主义及分离成本的角度讲，信任行为执行概率将对隐性契约起到决定性的作用：假如合作社将采取激励隐性行为，那么执行隐性契约的概率会升高，激励性奖励也会增加。先验概率与私人信息决定了最优显性契约奖励。两者之间表现为正相关，先验概率较小时，显性契约奖励同样较小，反之越大。

(5)农民合作社内部信任与绩效存在回归关系。采用 CURVEFIT 模型对信任水平与绩效关系进行模型拟合，从 11 个标准函数中最终选择对数函数 $Y=3.1458X^{-0.049}$（$1 \leqslant X \leqslant 5$）。

(6)合作社绩效受到合作正向影响显著，合作对绩效的作用程度为 0.241，内部信任对合作社社员合作行为有一定的调节效应，然而只有在有效合作的前提下，信任才会产生长远而高水平的绩效。

(7)治理模式对内部信任存在显著性差异，且依托单位为龙头企业的样本各维度得分最低。同时，初步得出企业主导型和政府主导型治理模式合作社的绩效水平与信任水平要比能人主导型的高。

上述研究成果有助于指导合作社管理者在以后的合作社运营过程中加强信任管理，进一步提高内部合作效率，调动社员参与热情，增强相互信任，提高合作社绩效，最终促进合作社的健康发展。同时，在实践上可以为政府部门制定相关政策措施，提供决策依据。

本书基于国家自然科学基金委员会项目"农民合作社内部信任及其对绩效的影响研究"（71763032）研究成果。在本书即将付梓之际，笔者要感谢恩师秦德智教授以及云南师范大学经济与管理学院各位领导和同事，得益于他们的大力支持，本书才能顺利出版。

目　　录

第1章 绪 论

1.1 本书写作背景及写作意义

1.1.1 写作背景及问题的提出

农民合作社作为一种联结农户和市场的新型农业经营主体，是推进农业供给侧结构性改革的重要力量，极大地推动了我国现代农业的发展（孔祥智，2016）。党中央、国务院对我国农民合作社的发展一直给予高度重视，于2013~2017 年连续五年在中央一号文件中专门提出和强调发展各种形式的农民合作社，不断推进农民合作社的纵深发展。自 2000 年以来我国农民合作社进入了快速发展阶段，据工商部门统计，截至 2015 年底，全国依法登记的农民合作社达到 153.1 万家（与 2008 年相比，增长了 13.34 倍），实有入社农户突破 1 亿户，占农户总数的 42%。尽管农民合作社发展迅猛，然而，从总体上看，就其对农民家庭收入的贡献而言，农民合作社的绩效特别是经济绩效还有待提高。例如，2015 年云南省农民合作社经营收入 76.2 亿元，比上年增长 17%，增长势头较快，但仅占农民总收入的 1%。可以说，我国农民合作社正面临从数量增长到质量提升的关键性时期，亟须通过加强内部治理以提升绩效。

如果没有绩效，合作社就会消亡或转化为投资者所有企业（investor-owned firms，IOFs），合作社就会丧失其自身的存在意义，从而降低政府大力支持合作社发展的政策绩效。因此，在社员异质性加剧、政府强力推动的客观背景下，合作社研究成为学者们关注的热点，同时我国已认识到实现合作社绩效的重要性。原农业部副部长危朝安（2008）认为我国农民合作社总体发展水平还不高，正处在建设与发展的并重时期，合作社绩效实现就是一个突出问题。从国家当前颁布的相关农民合作社的法律和相关规定，如《中华人民共和国农民专业合作社法》《农民专业合作社示范章程》《农民专业合作社财务会计制度（试行）》等来看，政策制定着眼点基本聚集在合作社决策机制、盈余分配制度、组织体系构建、社员出资比例、财务管理规则等方面，这无不凝聚着政府充分考虑如何促使合作社快速发展的同时保障合作社规范治理和绩效实现的政策考量，真正使合作社能够发挥凝结民心、促民致富的内在价值。

与西方国家合作社发展历程不同，我国农民合作社发轫于农村特定场域，嵌入当地社会经济发展情境之中，合作社应更加注重所有社员在决策制定和利益分配上的共同参与及相互合作。然而在实践中，合作社领导者往往演变为合作社治理的事实主体，这可能会带来农民主体地位弱化、社员利益出现矛盾等问题，严重时甚至可能导致内部信任出现问题，由此产生更多的消极影响，如合作社内部交易成本较高、外部竞争能力不强等，进而影响合作社绩效的实现。内部信任对组织绩效，特别是对企业组织绩效的影响被很多学者提及和证实(黄彦博，2012；艾睿楠，2015)，许多研究均发现员工信任对组织绩效有显著影响(于桂兰等，2017)。那么内部信任是否会对兼有企业与共同体双重属性的合作社绩效也产生影响？如果有影响，那么对我国农民合作社的绩效能够产生多大程度影响？该影响的作用机理是什么？影响我国合作社内部信任的关键因素有哪些？这些正是本书想要回答的问题。

1.1.2　写作意义

针对合作社绩效形成过程中内部信任结构的复杂性和合作社组织的特殊性，本书通过研究内部信任对合作社绩效的影响机理，探索西部地区农民合作社实现绩效提升的内部信任优化的实现路径。

1. 理论意义

信任是合作的基本前提，能够有效降低内部交易成本，提高组织工作效率，大量文献已经显示合作社可以通过内部信任获益(Hakelius，1999；刘宇翔，2012)。在合作社内部信任内涵、作用和结构的研究基本取得共识后，内部信任与其他影响合作社发展的因素关系及两者关系动态构建逐步成为国内外学者内部信任研究的新焦点(廖媛红，2013a；甘林针和程荣竺，2016)。

本书从内部信任的角度展开对合作社绩效的深入分析，通过实证研究来阐述合作社绩效与内部信任之间的相互关系，分析其作用机理，研究合作社绩效提升的内部信任优化路径，进而有效推动组织信任理论研究的不断完善。当前相关组织关于信任的研究文献大部分针对一般企业，而针对农民合作社相关领域的研究内容相对较少。因此，本书对农村文化背景下的合作社内部信任概念、理论给予界定和研究具有一定的意义。另外，我国很少有学者运用实证方法来分析组织内部信任与绩效的关系，而本书主要针对合作社内部信任与绩效的关系展开深入探索，并进行实证分析，进而全面阐述两个变量之间存在的联系，从而为提升合作社内部信任、加强合作、提高绩效等提供相关的理论建议。

本书以云南省的建水、澜沧、禄劝、昌宁四县的部分农民合作社为主要样本，进行多案例和大样本数据的实证研究，把在发达国家成熟市场经济情境下提出的组织内部信任理论和合作社治理理论与中国合作社的管理实践相结合，进行本土化研究，探索适合我国转型经济特定情境的合作社发展理论，这有助于促进和推动我国合作社理论的形成和发展。

2. 现实意义

在实际生活中，许多学者和政府工作人员都已意识到当前合作社组织内部信任状况并不是很理想，合作社组织内部合作的深度和广度都有待加强。参与合作社的很多社员缺乏必要的交流与合作，大多数各自行事，甚至有部分社员在加入合作社较长一段时间后，表现出对合作社管理者、社长①、其他社员及合作社组织本身仇视的行为。研究合作社内部信任的影响因素及内部信任对绩效的作用，能够明确哪些因素会对内部信任优化产生积极影响，进而可制定相应的对策或规划实现路径，全面推动合作社的内部合作，提升凝聚力，加强彼此信任，促使合作社朝着良性方向发展。

同时，《中华人民共和国农民专业合作社法》修订已提上日程，近年来，随着农村地区分工分业程度不断加深，合作社的运转也遇到很多新问题，原有的一些规定已不适应合作社实践发展的需要。党中央、国务院在2013年、2015年两个中央一号文件中明确要求抓紧研究修订和适时修改农民专业合作社法。本书研究成果有助于我国更好地把握农民合作社的治理困境、内在特征，进而制定更加科学的针对性的政策，促使合作社健康、快速发展。

这一新探索，既有助于推动合作社提升绩效、培育竞争优势，推动其进行农业供给侧结构性改革和破解合作社内部信任结构差序格局、缺乏竞争力的难题，也可为同样存在内部交易成本较高、外部竞争能力不强、处于价值链低端、缺乏话语权等问题的我国其他组织提供借鉴。

---

① 本书所涉及的社长即农民合作社的法定代表人——理事长。

1.2　研　究　综　述

1.2.1　信任相关研究

社会科学对信任问题的关注由来已久，但直到 20 世纪 50 年代，信任问题才通过心理学家对"囚徒困境"模型中人际信任关系的实验研究而引起理论界的高度关注，并在之后几十年中相继成为经济学等学科重点研究的问题。围绕研究的主题，笔者从信任研究的演化路径对相关文献做了一个简单的梳理。

在诸多的社会科学家中，最早提及信任问题的是启蒙学者霍布斯（Hobbes，1651）。他力图以社会契约论来解答"秩序何以可能"这一古典问题。第一个对信任问题给予理论探讨的是社会学家齐美尔，他认为，无论在哪个组织中，信任都是必备的一种力量，但是，他的观点并未引起理论界对信任问题的关注。直到 20 世纪 50 年代，美国心理学家多伊奇和赖兹曼等才开创了用心理学从微观个体的角度研究信任问题的先河，并向我们展示了信任对合作及收益的重要影响。在一系列的研究中，多伊奇提出信任是受外界刺激而发生变化的一种因变量。随后，赖兹曼等通过进一步的实验认为，信任并不像多伊奇认为的那样是外部情景刺激的结果，而是个体人格的外在表现，当个体进入社会后经过学习会形成稳定的人格特征，信任是当个体预期损失超过预期收益时做出的非理性选择。可见，心理学家主要是从微观个体的单向性角度来研究信任问题的，所得出的结论，无论是品质信任还是情景信任，都是一个个体的单向性概念而非个体相互关系的概念。

在众多心理学家中，萨贝尔首次把信任理解为社会信任（social trust），这意味着信任的研究对象已从纯粹个体心理的单向信任开始演变为个体之间相互关系的双向信任，并且 Lewis 和 Weigert（1985）研究提出可以将社会信任分成两类，即认知信任（cognitive trust）和情感信任（emotional trust）。与传统心理学不同，社会学对信任的研究继承了萨贝尔、刘易斯和威格特等把信任看作社会关系的思想，从宏观角度将信任视为一种特殊的社会关系；卢曼于 1979 年提出，无论发生任何事情，信任都是一种社会关系，是社会制度和文化的产物及交换与交流的媒介，是建立在法规制度或伦理基础上的一种"简化社会复杂性的机制"和一种冒险的、非理性的行为，和社会结构与制度的改变存在显著相关性，因为信任是社会结构与制度中的一种社会机制，具有一定的功能性。所以，该社会机制已不再是心理学意义上的微观的个体信任或私人信任(personal trust)，而是宏观层面的一种社会信任或系统信任(system trust)。之后，卢曼进一步把系统信任划分为制度信任和人际信任，而人际信任即韦伯的特殊信任与普遍信任。在卢曼之后，社会学家基本沿着卢曼的思路，主要从社会关系、社会制度、社会文化和道德的角度来研究信任问题。

自 20 世纪 70 年代末期以来，随着新制度经济学、信息经济学、博弈论行为经济学和演化经济学等理论的发展，这些理论被人们越来越多地用于解决主流经济学问题，信任问题也受到越来越多经济学家的关注。与心理学和社会学的研究相比较，经济学对信任的研究视角既不是心理学强调的主体(个人物质)，也不是社会学强调的客体(社会环境)，而是着眼于主体与客体之间的关系本身：把信任理解为一种社会关系。经济学认为在个体的互动过程中，信任固然与个体的社会心理反应及心理物质有关，但其所处的社会环境也对主体的信任有决定性的影响，同时学者们对这一环境的理解存在巨大分歧，其分歧主要在于信任是否涉及经济交易中的理性计算。大多数新古典经济学家和部分在新古典框架下讨论制度问题的新制度经济学家，几乎都是从经济学家的分析和假设入手，基于新古典经济学提出的完全理性选择，对信任问题进行深入探索。早期比较有代表性的经济学家有阿罗和希克斯。阿罗提出，在双方交易过程中，信任能够起到很好的协调作用，对契约加以控制，这可以看成一种隐性契约，全球很多国家都处于经济落后状况，一个很重要的原因就是欠缺信任。希克斯提出，在经济交易过程中，信任是必须具备的一种公共品德(public good)。20 世纪 80 年代后，艾克斯罗德、诺斯、威廉姆森等经济学家开始把信任与风险联系起来，通过引入重复博弈模型和声誉理论得出人们追求长期利益就会自动导致信任，并且这种稳定的信任关系在一定的条件下可以在组织的文化和制度中得以体现，并对个体行为产生重要影响，从而形成社会认可的信任价值观和信任文化的结论。

与上述从理性选择出发研究信任的经济学家相比，绝大部分行为经济学家与社会经济学家不仅认可或接纳经济学的研究方法，还提出其是理解市场(交易行为)的关键，认为必须在行为人之间所存在的社会关系中去寻找。"每一种经济行为都具有嵌入性，任何经济制度都应当被看作社会结构来解读，这也表明，我们在研究经济问题时就一定要对社会关系加以分析。经济学家认为，如果只从经济利益出发来分析人类行为，这种分析不够全面。"换句话说，之所以基于新古典经济学理论提出的两项假设缺乏充分性，是因为人类的经济行为不仅包含理性选择，而且包含非理性选择，如依赖社会习俗、向往荣誉等。这就意味着新古典经济学的理论分析忽视了关键因素，即文化伦理因素，而该因素能够对人们的经济行为产生重要影响。在社会经济生活中体现出来的人与人之间的关系，除了受到纯理性的自利行为动机的支配，还受到其他的非理性因素影响。因此，在此基础上，大多数行为经济学家和社会经济学家在研究信任时，不仅认为利益是信任的源泉，而且更重视文化道德对信任的影响，认为在人与人之间的关系中体现出来的信任关系，只能从人们所处的社会及其历史文化道德层面来理解。波奈特和济科豪瑟对风险溢价与信任背叛关系进行了研究；巴肯和戴维斯等对间接互惠、文化及因果报应之间的关系展开深入分析；格兰诺维特基于嵌入的定义，重新阐述了嵌入理论。总之，大多数研究者都是在假设理性的前提下来研究和分析信任问题的。

20 世纪 80 年代，我国相关专家主要从诚信方面来探究信任，90 年代信任问题才变成社会学界探究的重点，2000 年以后信任问题逐步成为经济学家的研究热点。杨中芳和彭泗清(1999)指出，我们应根据我国文化发展和社会发展的实际情况来研究信任问题，从而对忠、诚、信在我国社会中的关系进行探究，他们指出信任是人际关系产生的源泉；张静(1997)对维持信任的三种制度进行了阐述，也就是组织制约、人际关系制约及制度制约，由于社会的快速发展，前两种制度的制约力慢慢削弱，制度制约需要增强；王飞雪和杨宜音(1999)经过大量研究及分析，对外人变成自己人的过程进行了探讨，从异文化的层面对我国社会人际关系影响信任的程度及其作用和实质进行阐述；李燕(2002)和李燕等(2010)认为，诚信制度的构建需要深厚的人文基础；刘进和翟学伟(2007)重点对秩序、信任及社会和谐水平展开了分析，探讨了三者之间的联系；马得勇(2008)在对比中国和外国情况后发现，中国信任水平比较高，不过在经济转型阶段，国内信任存量下滑明显，这是由这一阶段不确定性因素变多引起的；王文胜(2009)对国内社会进行了整体调查，发现农村和城市相比，前者信任程度更高；张云武(2009)对各区域人际信任特征展开了研究，具体分析了信任与关系网规模等相关内容，并得出结论：农村的信任显示具有特殊性，在普遍性方面则比较欠缺。

《信息、信任与法律》是张维迎在 2003 年出版的著作，该书的主要内容是他对法律问题及社会信任问题的看法。张维迎是我国第一个在声誉、信任研究中引入法律及惩罚的专家，他指出声誉制度和法律相对比，属于一种不需要投入太多资金就能确保交易秩序的制度。张维迎和柯荣住(2002)分析了四个不同省的城市的情况，对各市经济效益受到信任的影响进行了分析，并列出会影响信任的所有因素；杨瑞龙(2002)结合制度缺失与失信行为进行考虑，他的观点是要不断地健全市场经济管理制度；文建东和何立华(2010)结合全球价值调查涉及的中国数据，对我国信任问题进行了分析，主要是从主观及客观特征两方面对影响普遍信任的各项因素进行研究；胡必亮(2004)结合村庄共同体概念与其非正式金融发展前景，首次提出"村庄信任"这一名词；夏纪军等(2003)将互利偏好与利他指标纳入自己的研究过程中，建立信任模型，并通过此模型对要素禀赋收入差距如何影响信任水平进行了分析，其研究结果是收入差距越大，信任水平就越低；陈立旭(2007)分析了浙江省家庭联产承包责任制，对信任如何受到农村经济活动的影响进行了分析；张艳辉(2005)在考虑关系承诺时，研究了信任度与满意度的作用，同时详细介绍了保险业是怎样管理客户关系的；李东升(2010)研究的结论是公司内部信任是通过长时间学习获得的；王愚等(2007)对公正、利他及信任影响博弈期间合作的程度进行了分析，在大量学习及调整方案的实施下，双方参与人会产生合作；李晓红和周文(2009)提到，企业的发展在很大程度上受信任程度的影响，企业必须建立基于机制的信任；刘凤委(2009)研究信任是怎样对商业信用方式及交易费用产生影响的，认为契约成本比较高；臧旭恒和高建刚(2007)构建不完全信任动态博弈模型，该模型显示多数人的信任合作过程，指出博弈过程中人数会对水平造成一定的影响；孔荣等(2009)针对陕西、河南与甘肃三省的农民进行了调查，共回收 1557 份问卷，从而得出农户各种信贷选择问题受信任、内疚的影响。

通过上文不难发现，关于信任含义这个问题，国外社会科学家经历了以下过程：从单向性人际信任、社会双向性的一般与特殊信任、社会信任，最后到经济学的计算信任、制度信任及个人信任。在探究方面，探究中心从心理学微观个体的行为变化、心理认知向宏观社会关系进行转移。在研究层次上，研究重点从心理学微观个体的心理认识及行为转变为社会学及经济学的宏观社会关系。在人性的假设方面，则反映出社会学科"非理论"及经济学"理性"的争议。整体来讲，我国社会专家在分析信任问题时，主要从信任度的降低方面着手，很少研究信任产生问题，也基本不会将社会信任问题当作专项主题加以探究。信任产生制度尚未有一个完整的理论系统及结构。

1.2.2　组织内部信任相关研究

20 世纪 90 年代以来，国外大批的管理学家与组织行为学家对信任问题进行了深入的研究，其中有学者从组织行为学角度解释信任的概念，同时提出新定义和新观点，如组织信任。与一般信任定义相比较，组织信任主要涉及两种情况：组织内部成员之间的信任及不同组织之间的信任，也可以称其为组织内部信任与组织间信任。本书研究的重点是组织内部信任。

关于组织内部信任定义及分类研究，卡明斯和布罗姆利于 1996 年把组织信任看作个人或群体成员遵守并忠诚于共同商定的承诺、不收取任何额外利益的一种共同信念和员工共同拥有的一种工作氛围；Argyris 在 1977 年对组织信任的理解是能够对成员进行引导尝试与探索试验的行为特点。可以看出，众多学者定义企业内部人际信任时与从心理学、社会学的角度提出的观点基本相同，只是更进一步按照组织结构中成员位置的差异关系进行更为具体的不同类型划分。不同学者提出的类别有所不同，如 Cook 和 Wall(1980)指出企业内部信任包括员工与员工的信任、员工对领导的信任；另有学者针对企业内部的两种信任进行了更深入的分析，指出员工与员工的信任是水平信任，员工对领导的信任是垂直信任。还有学者结合以上研究，再次对企业内部信任进行了三个方面的划分，包括组织成员间信任、组织成员对上司的信任及组织成员对高管的信任。从企业的角度讲，这些组成人员，即无论是员工、管理者还是投资者，彼此的利益相关联，因此，彼此间的信任情况对企业内部信任起到关键性的影响。

关于组织内部信任的前因研究，学者分别从个体特性(Mayer et al., 1995)、相互关系特性(Allister，1995)、组织特性、环境特性等视角对组织内部信任的前因进行了探索，得出了非常丰富的结论。

有学者针对组织内部信任功能问题指出，组织的一种核心的文化特点就是组织信任，组织信任功能首先是对组织的成功产生影响，其次是对团队的有效性产生影响，最后是对组织成员间的合作和可信性产生影响。除此之外，组织信任会影响个体态度、个体行为和工作绩效。个体态度可划分为认知态度和情感态度，其中部分态度变量则同时包含认知和情感要素，个体行为可分为意图和行动本身(表 1-1)。

表 1-1   组织内部信任结果

信任结果		关键词
态度	认知	报酬体系效能感；组织支持感
	情感	情感承诺；工作满意感
行为	意图	离职倾向
	行动	组织公民行为；知识共享
绩效		员工绩效；组织绩效

　　本书在对组织内部信任的影响因素展开分析时，通过现有研究成果可知，组织内部信任影响因素包括以下内容。①员工的因素。信任倾向对员工信任他人的可能性有明显影响(Mayer et al.，1995；Whitener et al.，1998)，教育程度和亲密朋友的数量会影响员工对组织的信任(黄珺，2009；王晖，2011；徐旭初和周晓丽，2011)。此外，Whitener 等(1998)指出了对员工信任有影响的五个因素，同时说明了对管理行为有影响的前因变量。②组织的因素。组织信任形成的前提条件是制度信任(Zuker，1986)，机制实施及分配上的公平会影响员工信任组织的程度(Martins，2002；曾贱吉等，2011；杨灿君，2010)，组织绩效与信任程度紧密关联(Williams，2011)。③组织和员工的关系因素。接受组织规章制度的员工对组织的信任度会更高(Robert et al.，1998)，组织中领导者的价值观会影响员工对组织的信任(韩平等，2010)。企业一直是相关组织信任研究的重点，但很少有研究对合作社组织内部信任展开深入探讨。因此，笔者针对农民专业合作社的信任问题及影响因素进行研究，这有利于合作社的快速、健康发展。

1.2.3　农民合作社内部信任相关研究

　　目前国内学者针对农民合作社信任的研究逐渐增多，而基于社员的视角围绕合作社内部信任展开的研究较多。其内容主要包括以下几点。

　　(1)关于农民合作社内部信任结构方面的研究。Mark 等(2002)将合作社的内部信任分成两种类型：认知型和情感型。这两种类型的信任分别在不同的情境下发挥作用。徐旭初和周晓丽(2011)将合作社内部信任区分为人际信任和系统信任。刘宇翔(2012)将合作社内部信任分为关系信任与制度信任。黄珺(2011)将信任划分为情感信任和认知信任。黄家亮(2012)认为乡土社会独有的活动形式和社会关系造就了农民群体独特的信任形式：差序信任与具象信任。学者龚云松(2014)在针对农民合作社进行研究的过程中，提出内部信任的三个维度，即认知、情感和制度，并深入分析了三个维度与合作社信任的关系及能够产生的作用。孙艳华和禹城荣(2014)指出合作社信任主要表现为信任圈与信任链并存的状态，并针对信任结构提出优化建议。

　　(2)关于内部信任对合作社作用的理论研究，大多数学者持肯定态度。Hakelius(1999)提出普通社员之间、普通社员和管理人员之间的信任丧失是造成瑞典农民合作社失败的重要因素。李昆(2004)提出信任是合作社的重要基础，与市场信息、竞争对象、政府支持等外界因素相比发挥着更大的作用。尹贻林和徐志超(2014)提出信任是合作达成的关键前提，并且信任程度的改变在相互合作中发挥促进或抑制性影响。张康之(2008)提出信任是人与人之间相互合作交流的基础条件。刘宇翔(2011)明确了合作社的内部信任,即社员对社长和其他社员的信任是合作社顺利运行的重要保障,并且直接决定合作社经营效率的高低。万江红和耿玉芳(2015)认为农民是否信任合作社将直接影响农民是否参与合作社及展开合作等,对合作社的发展起决定性的作用。

(3)关于内部信任对合作社作用的实证研究。廖媛红(2013b)主要针对合作社的内部信任、社员满意度、产权分配的关系进行了深入的探讨研究,并通过 SEM 分析得出组织内部信任与社员满意度存在正相关性,其中普通社员对管理人员的信任程度至关重要。杨柳和高建中(2014)分析了社员对合作社组织信任的影响因素,提出在多种影响因素中,合作社与社员的关系影响最大,尤其是社员是否认可合作社的动机是关键因素。甘林针和程荣竺(2016)运用灰色关联法,分析得出农民合作社社员间信任程度与合作满意度之间具有较强的关联性。

(4)关于农民合作社内部信任影响因素的研究。郭红东等(2008)研究了社员对负责人信任程度高低的影响因素,指出首先负责人与社员的关系影响最大,其次是负责人的能力、负责人的人品、负责人对社员的关心。周晓丽(2011)进行实证研究得出结论:合作社诸多条件和因素都能够影响社员的信任,包括领导素质和能力、社员的综合素质、社员信任倾向,以及组织的规范、实力和效益等情况。孙艳华和禹城荣(2014)以社员的角度为出发点,深入分析了合作社内部信任相关问题,包括形成和作用机制,以及具体的影响条件等,并针对提升信任、加强合作提出有关建议。

(5)关于合作社信任成本的研究。王敏和高建中(2014)在研究信任成本时,提出四个内部因子,包括制度、信息、监督和心理,并构建了信任成本具体的测量量表。卫国强和高建中(2013)针对信任成本与合作社功能的联系进行深入研究。黄永利和高建中(2013)主要探讨了合作社信任成本与绩效之间的相互联系。

1.2.4 农民合作社绩效研究

关于合作社绩效的研究在近几年受到比较多的关注。总结发现相关研究主要聚集在以下方面。

(1)农民合作社绩效评价维度研究。学者对于农民合作社绩效评价维度的讨论,目前大都集中在绩效评价思想和基本准则等方面,然后根据合作社当前的情况及本身的特点,建立相应的评价机制。还有一些学者根据已有的研究成果，对其进行一定的创新进而设计新的评价机制。总体来看，学者主要是基于二维、三维及四维的视角来对农民合作社进行绩效评价。具体见表 1-2。

表 1-2 农民合作社绩效评价维度

维度	具体内容	研究者
二维	行为性绩效和产出性绩效	徐旭初(2009)、徐旭初和吴彬(2010)
	行为性绩效和结果绩效	黄飞(2016)
	行为性绩效和收益性绩效	李新曼等(2012)
三维	经济效益、社会效益和组织发展能力	王芳和过建春(2011)
	经济绩效、社会绩效和生态绩效	王立平等(2008)、赵佳荣(2010)
	经营绩效、运行机制和组织发展	张兵等(2008)
	经济效益、规模效应和带动效应	梅付春等(2010)
	规模、效益和影响力	郑少红和刘淑枝(2012)
四维	经济规模、经济效益、社会效益和组织可持续发展能力	冉赤农和霍学喜(2012)
	经济、社会、生态和组织的可持续发展能力	冯立莎和郭丽华(2013)
	社会、经济、生态和技术创新	范远江和杨贵中(2011)
	宏观环境、资源因素、经营能力和管理能力	张彪和叶得明(2012)
	财务绩效、管理绩效、社会绩效和生态绩效	罗颖玲等(2014)
	财务维度、客户维度、核心内部流程维度和学习与成长维度	陈共荣等(2014)

(2)农民合作社绩效影响因素研究。针对该主题的研究主要涉及组织治理、股权分配、社会资本和政府扶持等四项内容。①在组织治理方面，一些文献将研究的重点放在治理结构方面，分析其对合作社绩效的作用。有学者提出董事会根据不同利益主体的诉求制订整体发展规划，设置非执行董事以提高合作社的运行效率。有学者经过一系列研究认为，正规的管理团队能够有效保证合作社的绩效，并且管理团队规模越大，促进作用越明显。然而有些学者则持相反的观点，指出管理团队规模过大将对合作社绩效产生负面作用，激烈的市场竞争会导致合作社逐渐转化为创业型组织。李道和和陈江华(2014)则讨论了治理结构与合作社绩效之间的相互作用。②在股权分配方面，大多学者比较关心不同利益主体的股权比例对合作社绩效的作用。有学者指出董事会成员持有的股份越多，财务绩效越有保障。然而有些学者却提出相反的看法，指出相对股权制衡能够有效限制大股东的不当行为，提高合作社绩效。③在社会资本方面，已有的研究大都比较关注社会信任对合作社绩效的影响。有学者提出社会信任可以降低内部交易成本，提高合作社绩效，同

时为参与者提供更多的利益，明显提高社员的积极性，促使社员更加信任合作社，产生归属感。从发展的角度讲，社会信任将对合作社的建立与发展产生巨大的影响，对其绩效的提升具有显著作用。同时有学者对比了各种社会资本对合作社绩效的作用。其认为个体社会资本和集体社会资本对合作社绩效的影响均有不确定性，分别受到个体与合作社利益的一致度及合作社治理结构明晰度的调节(廖媛红，2011)。④在政府扶持方面，已有的研究大都强调政府扶持的影响及需要完善的方向。合作社的正常运转需要当地政府的积极配合，强有力的政府扶持可以为合作社的壮大提供重要的推动力。若是合作社可以发展为公共服务承担商，将极大地提高社会凝聚力和政治影响力。优惠的政策可以扩大合作社的发展空间，但是如果政府的帮助仅限于法律和财政方面，则政府很难发挥应有的促进作用。

(3)农民合作社绩效评价对象研究。目前大多国内文献的主要研究对象是我国东部和中部省区市的农民合作社，这些研究的农民合作社主要分布在浙江、河北、河南、江西、湖南、安徽，详见表 1-3。可见，东部地区尤其是针对浙江省的合作社绩效评价分析比较常见，但西部的合作社绩效评价研究却很少见。

表 1-3　现有农民合作社绩效研究的对象

文献	研究对象
崔宝玉等(2016，2017)	安徽省 299 家农民合作社
黄胜忠等(2008)	台州、温州、邯郸三地的 168 家农民合作社调研数据
刘滨等(2009)	江西省 22 个样本合作社的 317 份调查问卷
刘洁等(2016)	江西省 72 家农民合作社调研数据
赵佳荣(2010)	湖南省 10 家农民合作社调研数据
梅付春等(2010)	信阳市 203 户农户调研数据；河南省农业调查总队对河南省 3237 个农民合作社的调研数据
徐旭初和吴彬(2010)	浙江省 526 个合作社调研数据
董晓波(2010)	安徽省 292 份调查问卷
李道和和陈江华 (2014)	江西省 300 家农民合作社调研数据
程克群和孟令杰(2011)	安徽省皖南 10 家农民合作社调研数据
邵科和黄祖辉(2014)	2009 年和 2011 年在浙江省与四川省所做的田野调研数据

1.2.5 农民合作社信任与绩效关系研究动态

信任与绩效的关系是信任研究中需要解决的重要问题。关于信任与绩效关系的研究大致有两种思路：不同组织间的信任与绩效及组织内的信任与绩效。针对组织内部信任对绩效的影响，大量研究表明信任与一些比较具体的结果变量相联系，包括个体态度变量（承诺和工作满意感）、个体行为变量（努力和离职意向）及组织绩效，并且这种关系是一种直接的影响关系。然而近年来，学者们关于组织内部信任与绩效关系研究多以信任与绩效相关性为主，并且不同的信任维度对绩效的相关影响可能不一样，甚至影响不显著。目前，关于农民合作社信任与绩效的研究相对较少，学界尚未深刻揭示内部信任对农民合作社绩效的作用机制。仲亮和高建中（2013）在研究合作社的绩效过程中指出，合作社社员信任、合作社收益提升、相信合作社为社员办事的态度之间密切相关。孙艳华和刘乐英（2013）通过湖南省 253 个社员样本的调查数据，运用多元回归模型考察了合作社社员信任、合作社社员对政府的信任、合作社社员对合作社的信任和社员之间的信任对合作社增收绩效的影响。分析结果表明：①合作社社员信任能够对组织绩效产生积极作用，对合作社未来发展产生至关重要的影响；②合作社社员对合作社的信任在绩效提升方面存在突出影响；③合作社社员对政府的信任和社员之间的信任对合作社增收绩效的影响一般。

1.2.6 对现有研究成果的综述与分析

以上研究为我们研究农民合作社内部信任问题提供了很好的参考，奠定了坚实的研究基石，但这些研究的不足也是显而易见的。

（1）关于合作社内部信任形成机理研究有待进一步深化。随着农民合作社的快速发展，越来越多的学者和行业人士开始深入分析合作社相关内容，尤其是对信任问题方面给予高度重视。目前很多文献资料主要是针对信任影响因素、信任作用和产生机制这些内容进行研究，而对于内部信任结构的研究还比较少，但实际情况是农民合作社发展过程存在的信任问题大多集中在内部信任结构环节。在此基础上，本书结合当前已有的研究文献资料，专门针对农民合作社内部信任结构进行深入的分析，包括结构类型与嬗变机理。

（2）信任的重要作用在近几年来被部分学者提及，但是关于农民合作社内部信任的研究大多局限于一笔带过或定性分析，缺乏关于合作社内部信任内涵和结构的完整测评，也鲜有就信任对合作社发展和绩效的作用做深入的探讨或系统的分析。

（3）合作社绩效的测评方法尚未统一、规范，可操作性较差。关于合作社绩效的研究具有多层面性和多维性，针对合作社绩效或合作社效率，国内文献开发出更适合我国合作社发展特点的绩效评价体系并对该系统进行了分析和总结。然而，合作社绩效的测评方法尚未统一、规范，并且在合作社绩效评估中，可能考虑到合作社的主要功能及信任测度的难度，因而较少文献将信任作为绩效评估指标进行分析。笔者对已有研究进行总结发现，大部分学者是从技术层面对效益进行评估，较少发现有学者在对合作社效益评估中引入信任概念的。

（4）针对西部地区相关合作社绩效评价方面的研究并不多。从搜集整理的资料来看，国内农民合作社绩效评价研究的主要目标为我国东部及中部地区，其中所选择的对象主要涉及河北、河南、浙江、湖南、江西等，其中涉及浙江农民合作社方面的绩效评价内容的研究比较全面，但目前涉及西部地区的研究较少。

（5）关于合作社内部信任对绩效影响的分析，针对内部信任与合作、治理模式交互对合作社绩效影响的研究比较缺乏。影响合作社绩效的因素有很多，如组织治理、股权安排、社会资本和政府支持等，然而现有的对合作社信任与绩效的研究主要是单纯分析内部信任对绩效的影响机制，较少有研究在分析其他因素对绩效影响效应的基础上，加入信任这一调节变量，考察内部信任对其他影响因素的调节效应，进而分析内部信任与其他影响因素交互对农民合作社绩效的共同影响。

在吸收与借鉴国内外文献研究的背景下，本书以组织内部信任相关理论为基础，并结合绩效评价模型等内容，对我国农民合作社内部信任相关内容展开研究，尤其是针对结构特征、影响因素等方面，分析内部信任对合作社绩效提升的影响机制，最终科学回应和解答如何提高合作社内部信任，进而提高合作社绩效，从而为管理者更加科学地引导、支持合作社的发展提供决策依据。

1.3　本书研究方法

根据研究目的和内容，本书采用的主要研究方法有文献研究法、问卷调查法、比较分析法、半结构化访谈等。

1.3.1　文献研究法

文献研究法贯穿整个研究过程，本书在对合作社、信任、绩效等概念进行界定，以及梳理合作社内部信任与绩效内在关联和内部信任及其影响因素时，都需要对专著、期刊、报纸、网站等现有文献与相关部门的统计资料进行系统和深入的研究，为之后的数理模型分析和实证研究奠定基础。

1.3.2　问卷调查法

问卷调查法是合作社治理研究中收集一手数据时普遍应用的方法，研究者应用统一、规范设计的问题来收集范围广、规模大的数据，便于进行深入、复杂的量化分析，使研究结果具有较高的可靠性和可推广性。本书研究采取现场发放和收集问卷、邮寄调查问卷两种方式获取样本，此两种方式可以保证较高的问卷回收率。本书通过收集较大规模的现实数据，检验内部信任水平是否会对合作社的绩效产生影响，分析内部信任对合作社绩效产生影响的作用路径和影响程度，并通过问卷调查法分析关系信任、制度信任对合作社绩效的影响。

1.3.3　比较分析法

本书的研究注重运用比较分析法，分别与人民公社，日本、韩国的农民协会(以下简称农协)和中国台湾农会，以及公司制企业进行比较进而探讨合作社发展的时代特征、本土特质及核心治理问题，以了解实践中合作社内部信任的基本形态与演进趋势。同时，本书通过对内部信任的调节效应及其适用情境在不同治理模式的合作社中展开对比分析，从而探索出合作、不同治理模式与内部信任交互对合作社绩效的影响存在怎样的差异性和规律性。

1.3.4　半结构化访谈

半结构化访谈是质性研究方法中的一种。本书将其用于我国合作社内部信任的构成维度的确认，内部信任水平、合作社绩效等核心构念的测量。关于内部信任对绩效提升的影响途径和过程，以及内部信任结构形成诱因及其对合作社绩效影响因素的内在机制等关键问题，本书可通过对相关政府人员、合作社管理者和社员的访谈，获得超出纯文献和理论之外的有用信息。本书通过对现实经验的梳理，有针对性地选择研究变量、进行问卷设计和修正研究设计。

1.4 本书研究思路和技术路线

1.4.1 研究思路

为此，笔者在已有研究成果及实地调研的基础上，按照"文献综述—理论分析—数据采集—实证研究—总结归纳"的研究路径，在对相关研究成果进行梳理及归纳的基础上，采用交易成本、博弈论、网络租金等理论，深入地分析合作社内部信任对绩效的影响等相关问题。首先，针对相关理论和概念进行阐述，探讨合作社发展的时代特征、本土特质及核心治理问题，构建绩效评价指标体系。在对农民合作社发展阶段和发展状况，以及农民加入合作社根本动因进行分析的基础上，构建"双重绩效"评价指标体系，并对评价指标体系进行应用验证。其次，判明合作社内部信任结构特征并进行诱因分析，较系统地分析内部信任形成的内因，并以此为基础构建农民合作社内部信任量表，对合作社信任进行测度。再次，探索合作社内部信任与绩效的关系。分别剖析合作、不同治理模式与内部信任交互对合作社绩效的影响，进而解析信任机制对合作社绩效的作用机制。在此基础上采用 CURVEFIT 模型对农民合作社内部信任与绩效进行回归分析，得出二者回归关系的幂函数。另外，构建基于信任的合作社绩效评估理论模型，得出隐性契约对合作社信任及绩效有一定的作用。接下来，通过合作社组织自身、社长、社员本身及其他社员四个变量，深入探析合作社内部信任的外因。最后，对农民合作社内部信任优化路径进行探索。

1.4.2 技术路线

本书根据写作背景、写作意义、研究方法及内容，构建了本书写作技术路线图，见图1-1。

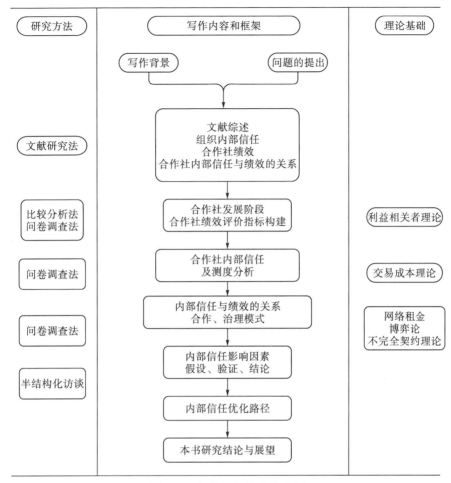

图 1-1　本书写作技术路线图

1.5　本书写作的创新点

1.5.1　从内部信任视角来研究合作社绩效问题

目前大多数学者从治理机制、社会资本等层面来研究合作社绩效及发展状况，较少学者将合作社发展的瓶颈归结在信任缺失方面，鲜有学者从信任的角度来研究该问题。本书提出了新视角，从内部信任角度来研究合作社绩效，较系统地分析了合作社内部信任与绩效的关系，这个新的视角也可能会丰富现有的信任理论。我们将综合多种理论和实证研究方法，考察内部信任对合作社(经济和非经济)绩效的作用，并就合作、治理模式两个方面对内部信任的影响开展深入的探讨和系统的分析,研究思路具有一定的创新,研究内容有显著特色。

1.5.2 构建适合于我国农民合作社内部信任的指标体系

由于组织内部信任在一定程度上是一种主观性的感受,学界对其进行衡量存在困难,并且目前国内外已有的研究文献中,完整测量相关农民合作社内部信任的研究内容比较少,本书通过将内部信任分为关系信任、制度信任两方面进行测评。此外,鉴于我国合作社特有的社区嵌入性强和核心社员占主导地位等特点,本书在参考国际上现有信任指标体系的同时,充分考虑我国农民合作社的特征进行指标体系的构建,这符合我国农民合作社内部信任的相关要求,研究内容具有创新性和突破性。

1.5.3 寻找农民合作社内部信任与绩效的回归关系

鉴于合作社内部信任水平未必越高越好,本书初步构建了农民合作社内部信任与绩效的回归模型,并利用 CURVEFIT 模型的曲线估计找到了合作社内部信任与绩效回归方程,应用此回归模型可以得出基期绩效现有信任水平及预测绩效应有信任水平,为合作社社长进行信任管理提供数据依据。

1.6　本　章　小　结

本章作为本书的首章,首先针对本书的写作背景和写作意义等方面进行阐述,明确提出当前我国农民合作社发展迅速,但其社会、经济功能没有完全发挥作用,亟须通过加强内部信任以提升绩效。本书研究结论对合作社内部信任机制的优化、绩效的提高及合作社持续稳定发展具有重要的理论意义和现实价值。其次,本书对国内外农民合作社绩效、组织内信任、合作社内部信任及其与绩效的关系等研究动态进行了回顾,得出以下结论:①合作社绩效的测评方法尚未统一、规范,可操作性较差;②关于西部地区合作社绩效的研究较少;③关于合作社内部信任形成机理研究不够深入;④针对内部信任与合作、治理模式交互对合作社绩效影响的研究比较缺乏;⑤关于合作社内部信任内涵和结构的完整测评比较缺乏。最后,本书论述了研究方法及研究思路,总结性概括了本书研究的基本内容,并阐述了本书写作的创新点。绪论是研究工作的开始部分,也是本书的研究纲领,对进一步的研究工作起引导作用。

第 2 章 核心概念界定与理论基础

2.1 核心概念界定

2.1.1 农民合作社内涵界定

依据合作社的概念和原则,我们可从该组织是否是经济实体、社员是否是独立的生产者、所有者和惠顾者身份是否同一、该组织是否谋求社员利益最大化四个方面判定一个组织是否是合作社。关于我国农民合作社的具体识别见图 2-1。

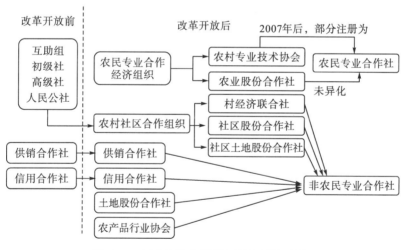

图 2-1 中国各类农民组织的识别与判定

考虑到随着城镇化的快速推进和农村劳动力的大量转移,农业规模化经营快速发展,农民对合作的内容、层次和形式的需求呈现出多样化的态势,同时,农民对合作社提供服务的需求也日益多元,不再局限于同类农产品或者同类农业生产的经营服务范围,故笔者将从事专业合作、股份合作、信任合作、劳务合作等各种类型的合作社统称为农民合作社。这一称呼也符合中央多次提出的发展农民合作社的要求。

2.1.2 农民合作社性质

农民合作社是我国特殊背景下的产物，国外没有和它完全匹配的合作社组织。不过，国外合作社的内涵仍然是合作社，因此，国外对其性质的界定可对国内研究起到借鉴作用。西方学者对合作社性质的界定主要集中在以下三种：企业、契约集、追求效用最大化的亚群体联盟。我国学界针对合作社的性质主要形成了集体经济组织学说（杨坚白，1990；马俊驹，2007）、企业说（徐旭初，2012；黄胜忠，2015）、法人说和法律地位多元说（谭启平，2005；梁巧，2011）。国内大部分学者的观点是把合作社看作法人性质，不过他们确定的法人类型有一定的差异，有社团法人说（张俊浩，2000；王艳林，2001）、非营利法人说（崔晓红和张玉鑫，2017）、合作社法人说（李慧雯，2016）、特殊法人说（宫哲元，2014）和营利法人说（左云鹤，2010）等。

综上，农民合作社问题日益引起学术界的广泛关注。近年来，众多学者开始关注合作社的性质问题，将其作为研究的重点，即合作社与其他组织到底存在怎样的差异，但是目前对合作社的性质界定仍然没有达成统一共识，研究尚处于探索阶段。

鉴于对学术界关于合作社性质的各观点的梳理、合作社与公司等一般企业法人存在差异及中国本土特色，本书将农民合作社定性为特殊的企业法人，即政府扶持的自治自律互助式农业企业法人。农民合作社自治自律并非没有界限，它必须在农民合作社法律划定的框架内进行。为充分保障合作社的自治性质，农民合作社治理应主要由合作社自主决定，法律并不一般性地干预合作社治理中的具体活动，但法律在其中具有重要作用，如提高信息披露水平、保持合作社社员谈判的可能性和约束他们之间不守信用的行为。

2.1.3 中国人的信任：本土化的特色

中国人的信任具有明显的本土化特色。经济学家福山在研究华人社会时认为，华人社会是一个低社会信任的组织，理由是华人企业的规模通常比较小。王飞雪和山岸俊男（1999）对中国、美国和日本的社会态度分别展开了研究，指出中国人对人性具有较高的信念，但表现出较低的信任行为。总体来讲：中国社会的信任度比较低。导致这种情况的主要原因为中国人往往表现出对人际关系的重视，信任往往会受到关系及人情的限制。由此不难看出，在目前的中国社会中，人与人之间的信任仍被关系影响。实际上，很多针对中国人信任方面的研究文献中，信任可以说是起了至关重要的作用，尤其对组织机构来说，并且传统的儒家思想在信任问题和中国社会文化体系中占有极高地位。这对中国人的信任判断过程有非常重要的影响。

1. 中国传统有关"信"的界定

从古代社会来讲，在春秋之前，"信"主要表现在迷信方面，尤其是对鬼神的崇拜。随着社会发展，新思想文化的产生对"信"产生了巨大的影响。例如，儒家思想促使"信"脱离了宗教，并使"信"逐渐在后世社会占据重要的地位。孔子重点提出了在国家治理中"信"的意义和作用，认为一个国家的治理即便没有雄厚的兵力和充足的粮食，也不能失去人民的信任，这是由于国家一旦没有了信用就没有了立足之本。另外，孔子重点强调了各个国家之间也需要通过"信"进行交流。孟子继承了孔子的思想进一步提出了"五伦"，即"父子有亲、君臣有义、夫妇有别、长幼有序、朋友有信"，并且"五伦"成为封建社会的伦常规范。战国时期思想家荀子也指出判断君子与小人的标准为"信"。由此可以看出，中国封建社会提倡的儒学思想及思想家孔子、孟子和荀子都非常重视"信"，将其当成治世与做人的道德准则。即便到了现在，很多人也将信用和信义看得非常重要，将其作为是否能够成为朋友的重要条件。

到了先秦诸子百家时期，法家对道德的功用存在否定倾向，但即使在这种环境下，法家思想也非常重视"信"在伦理道德中的地位。韩非子提出了两个非常重要的关于"信"的道理：一是人际交往必须遵守"信"，即礼的根本就在于忠和信；二是君主在治理国家时需要获得民众的信赖，即"小信成则大信立，故明主积于信"（《韩非子·外储说左上》），其主要含义为贤明的君主在治理国家时，需要在小事情上守信，慢慢积累声望，这样才能在大事上逐渐建立起信用。所以，贤明的君主必须要让治下的人们感受到信用。

道家思想也重点强调了"信"的意义和作用。例如，《老子·八十一章》对世人提出了"信言不美，美言不信"，即真实的话因揭示了现实的残酷而是不华丽的，而很多华丽的、动听的语言并不是可信的。另外，《老子·六十三章》提到了"轻诺必寡信"，即非常容易许诺必然不容易守信用。老子始终坚持自己的信念，认为"信者吾信之，不信者吾亦信之，德信"，即面对的人无论是否守信用，老子都会信任，并扩大信用的影响。通过以上语言可以看到老子对"信"的重视。《庄子·杂篇·盗跖》同样包含了关于信任的语言，如

"无行则不信，不信则不任，不任则不利"，还记录了很多守信的故事，如尾生守信被后世广为传颂。

墨家思想作为封建社会又一重要思想，在先秦时期代表黎民百姓的利益，始终坚持"信"这一道德评价准则，对忠诚守信之人十分尊重。墨子的观点，"仁人之事者，必务求兴天下之利，除天下之害"，人们为了实现此目的，需要通过对自身修养的加强，即"志强智达，言信行果"。要说得出做得到，言而有信，这样才可以获取人们的信任，声誉得到传颂，结识更多的朋友。此外，先秦兵家也非常重视"信"这一原则，如孙武在《孙子兵法》中提出，身为将领需要拥有五德，即"智、信、仁、勇、严"。孙膑也强调了战争成败与信任存在密切的关系。

以上各家思想都积极提倡"信"的作用，"信"对国家治理、社会治理、统兵、治人都非常重要，并且上述思想进一步详细地阐述了"信"的含义，指出人只有通过守信而逐渐积累信誉，才能获得别人的信任和信赖。和西方的理性观点不同，中国人的信任和诚信强调信任观念是单方面的，不计结果的。在严己宽人的道德性、义务性的信念观念中，人们感觉到的是一种通过对诚信的确认而带来的信任的保障感，而非西方那种视信任为一种冒险和乐观的预期和行为的看法(杨中芳和彭泗清，1999)。

2. 中国人的本土信任研究

在目前已经发表的有关中国人的人际信任的资料方面，研究信任概念的内容不是很多，主要原因可能是研究分析过程中大多借助于西方提出的信任概念，并没有对信任的本土化概念展开研究(杨中芳和彭泗清，1999)。陈介玄和高承恕(1991)针对信任展开研究时，以台湾企业为对象提出了相关概念。他们指出台湾企业员工所展现的信任是从人际关系中逐渐形成的，可以理解为是与个别人之间的关系逐渐熟悉、了解、亲近后所形成的信任。这种信任既有属于人际关系(指既定关系基础，如同学、同乡、师生等)的感性物质，又有基于后天成就上的理性计算。这与西方研究中的信任分析思路有共同之处。

但是，中国人的这种非理性因素不像西方人所指的情绪等因素，前者更强调一种托付义务承担下的义务，包括义务性和感情性，而西方的情感因素可能主要是以双方交往的亲密度为基础。两人生活经验越重叠或两人对对方的生活经历知道得越多，关系就越亲密，双方的信任就越多(Allister，1995)。学者郑伯壎(1999)指出企业领导对员工的信任受到三个条件的影响，即才干、忠诚度及关系基础。这个界定把信任的社会基础推进了一步。陈介玄和高承恕(1991)仅仅指出了信任的情感(关系基础)与理性(后天成就)两个因素,郑伯壎却将"后天成就"予以细化,指出"忠诚度"和"才干"是"后天成就"的具体所指。在此需要强调的一点是,忠诚度是区别于关系基础的因素。关系基础是两人的先赋及后天既定关系连带,包含的内容非常丰富。为什么关系对于信任如此重要?中国人的概念中,人际关系是决定信任的重要条件。无论是双方已经拥有的关系基础,还是双方通过交际不断进行诚信方面的累积,都可以促进信任的提升。但实际情况是,与西方相比,中国人之间的关系往往会更加烦琐和复杂,其中很少牵涉到关系基础、人情和忠诚度等层面。

有学者在研究华人企业中的信任行为时指出,信任的建立与发展基础是以诚信累积及彼此的关系为基础的,很少使用制度化方面的措施。可见除个人的因素之外,关系的因素也是重要的,甚至更重要。对中国人而言,实际上关系因素优于个人因素,如"忠诚度"是指对另一个人的"私忠",是私人关系的产物。所以信任是内化于关系中的一种道德规范义务。虽然,西方的信任研究中,也很强调信任客体的义务信任感,但其所体现的内容相对拥有一致性,即属于人格物质,和所选择的目标没有关联。换句话说,这种义务具有普遍适用性。

杨中芳和彭泗清(1999)两位学者,在研究人际信任的概念时从人际关系的层面出发,认为人际信任主要是指,双方在人际交往过程中,对彼此可以履行所委托事情所展现的保障感。采用更简单的话就是安心、放心,不会质疑和害怕,相信对方会根据自己的要求和期望,对委托之事尽全力去完成。可见,关系是中国人人际信任的一个关键词,人际信任不仅是人际关系的一个参数,人际关系本身所内含的义务承担是信任得以存续的坚强基石。这种由关系保障的义务承担,增加了信任主体的安全感和保障感。西方学者也认为信任有弱化风险感知的作用,但这种作用的机制是,经由信任带给信任主体主观的保障性安全感,以此来弥补交往双方之间所没有的信息,从而减少交往的复杂性。

从普遍的角度讲,中国人的关系网大多体现出以自我为中心,并以亲疏远近向周围扩展。所以,中国人的信任往往与血缘关系存在密切关系,对亲人的信任比较高,而对外人的信任则比较低。随着社会的不断发展,在各种思想文化的影响下,信任关系逐渐产生了改变。有学者以广东省为研究对象,结合具体的社会变迁统计资料,全面地分析了中国人的普通信任与特殊信任,并提出了构建人际信任关系是受多方面因素影响的,其中双方情感是最重要的影响因素。情感远近影响了信任的建立。在社会不断发展的基础上,越来越多的社会活动中能够看到关系网络的身影，通过后天人际交往，人际信任逐渐开始渗透到特殊信任中，并与亲缘关系产生了相同的影响。

杨中芳和彭泗清(1999)针对信任建立和发展模式进行了详细的分析，其中重点强调了后天关系所产生的影响，并将关系演变与人际信任之间的具体联系进行全方位的论述，如表2-1所示。

表 2-1 人际关系推进的信任发展模式

时期	人际关系	信任来源	所需诚信	与诚信相关的行为	关系/信任进展
礼遇时期	既定成分	履行角色义务	诚实	依礼而行	知根知底
工具时期	工具成分	履行互惠与人情义务	诚意	根据条件进行行动，但并不一味地争取自身最大利益	知人知面
感情时期	感情成分	履行互助与奉献义务	诚心	无条件付出，有时会选择牺牲自身利益	知己知心

从表2-1的内容可以看出，可以将人际关系的发展划分成三个时期，即礼遇时期、工具时期和感情时期，指出了人际关系与信任的关联，即人际关系处于怎样的时期就会对应一定形式的信任，可以作为一种判断指标。信任存在于发生人际交往活动的双方之间，通过交际，双方在一定规则的框定下去完成对方的委托事项，从而建立起信任。在该信任发展中，主要是从最初交往阶段时双方之间的关系开始的，随着时间的推移，双方通过诚意、诚实、诚心慢慢积累信任。在此模式中，信任影响因素中最为关键的就是人品这一条件。该模式的建立为今后信任本土化研究提供了参考。

从组织行为的角度讲，更多的学者在研究中国人的信任时，逐渐开始关注关系所产生的影响和作用。通过对相关信任文献进行分析了解到，很多研究都将重点针对关系与人际信任的关系方面。梳理众多研究信任的相关文献，有绝大部分是聚焦于关系给信任带来的影响和效用。此外，国外针对员工与领导的信任相关研究也阐述了双方关系对于信任的提升有一定的效果，因此，对于中国组织中的人际信任，关系发挥了非常关键的作用。因此，企业管理者在从事管理活动时，要注重员工与领导之间的关系好坏，一般来说，通过建立良好的关系，可以显著提升信任值。

2.1.4 农民合作社内部信任界定

虽然相关信任的研究有很多，但众多学者对于信任的理解仍有很多分歧，我们可以从他们的研究中总结一些相同的看法，如有学者在分析相关管理信任问题的过程中，归纳出以下几点类似的特征。

(1)信任可分为不同水平。面对不同的对象必然存在不同的信任问题，即信任具有层次性的特征，如可分为群体、组织、制度及个体等方面。

(2)信任主要涉及不同组织或个体之间，以及组织内部。

(3)在进行组织研究过程中，信任能够体现多个方面的功能，如信任能够充当因变量、自变量、中间变量及调节变量。

(4)信任与组织之间的关系是相互的，组织因素能够对信任产生影响，同时信任也会对这些组织因素产生作用。

(5)针对信任的研究不断推出新的观点。

对于信任的定义和解释除了学者的研究外，在中英文字典中也能查到相应的内容，如《汉语大词典》对于信任主要有两种意思：①相信任用，亦谓相信；②任随，听凭。而《现代汉语词典》中对信任的解释为"相信而敢于托付"。

中文信任所对应的英文为"trust"，在《新牛津英语词典》中，该词主要包括两种属性：一是名词，对某些事物或人的能力等方面积极认可的相信态度；二是动词，即对某些事物或人的能力表示相信。

另外，《柯林斯 COBUILD 英语词典》针对信任进行了如下阐述：①如果你对某些人表示信任，你对他的态度是相信对方的真诚，不会怀疑他会对你进行恶意伤害；②如果你信任某人做某事，那么你的态度是他必然会做该事情；③如果你对某人将非常重要的事务交给别人表示信任，你相信某人拥有处置该事物的权利；④如果你表示信任某事物，你会对事物的安全性和可靠性表示肯定；⑤如果你对某些人的建议和判断表示信任，你对他们所做出的判断表示相信，认为其是对自身有利的；⑥如果你对某些事情的真假表示信任，你的态度是希望是真的；⑦如果你对某些人或事务表示信任，你会对他们的目的和能力表示相信；⑧如果你对看到的资料及听到的语言表示信任，那么你不会因怀疑这些内容的真实性而采取相应的检查行动。

从词典中关于信任的定义，我们可以对信任有这样一个初步界定：①对于信任的理解是多方面的，其可以代表一种态度或信念，即对某些目标的能力、真诚、真假等方面表示相信，同时也代表了一种行为，即委托、任用等；②对于信任来讲，往往是某些人做出的主观期望和判断，一旦产生预期与现实相偏离的情况，最终会对主观判断人造成一定的影响；③信任是一方对另一方的判断，属于单方向的。

虽然在建立信任的过程中表现出相互作用的性质，但判断和期望属于单向，主要是对于未来事情的预期。

为了对信任研究有一个全面的认识，我们分别从不同学科的角度，对信任的概念研究进行表述。心理学认为，人在一些特殊条件下，容易发生心理情感的变化，这时候产生的信任是由情境刺激引发的个体心理和行为。从社会学角度出发，信任被视为社会中的一种特殊现象，是由于制度、文化等内容相互作用而形成的，与文化及社会存在非常密切的关系。经济学中关于信任的研究，多是伴随着风险和机会主义存在的，而且总是站在信息不对称的角度考虑；认为信任决策与其他风险决策相类似，是根据个体内在价值观以潜在收益进行精确计算从而得出理性的利益最大化的选择，是一种计算性的信任。

通过上述观点可知，研究学者从不同的学科角度开展研究，使得研究方法与对象有效结合，对信任做出了如下几种定义，而且这些定义既有共同之处，又有自己的特点。在对信任研究的基础上，我们大致得出了信任的定义：①同时存在信任方和被信任方。信任的建立是需要双方共同存在的，无论是个人之间，还是个人与群体之间都可以建立信任感。②乐观的心理预期。如果双方都对彼此的发展抱有良好的期待，这时候就容易产生信任感，乐观的心理预期会对信任的产生起到相当重要的作用。③接受风险的意愿。在相处过程中，信任方无权对被信任方进行监控，因此在真正相处中，被信任方的所作所为有可能会引起信任方的反感，造成一些突发性事件从而产生了风险，如果双方彼此信任，可一同抵抗风险。④动态的过程。信任的产生是伴随着双方相处的过程而不断发展的，一些特定的环境、状况可能会制约信任的产生，而且彼此之间对风险的态度还有相处意愿也会有所改变，这个过程是不断动态发展的。

本书通过梳理心理学、社会学、经济学等学科对信任的定义，深入研究农民合作社中关于信任的问题，并在实践中充分调动多方面因素，包括与农户交流获得的第一手资料等，对信任进行定义：农民合作社内部信任是社员认为加入合作社能够提高其收入并相信合作社或社长会为其办事并乐于与之交易的心理和行为。

该定义并未强调合作的重要性，更多的是从农民的需求出发，还不够全面，但是对于本书的研究目的来说，已经起到了一定的作用。

2.1.5　农民合作社信任类型界定

信任的构成是复杂多样的，不同学科的研究者甚至同一学科的研究者，由于从不同的视角或侧面去研究问题，都会区分出不同的信任类型。无论是早期的心理学，还是近期的社会学和经济学，信任对象及信任来源都是进行信任分类的主要方式。本书从现实的角度出发，同时吸取他人研究经验，再结合研究的主题对现有分类进行重新整合或表述，对农民合作社内部信任做出了新的分类。本书将农民合作社内部信任按社员对其他社员的信任、社员对社长的信任、社员对合作社制度的信任进行划分，见图 2-2。

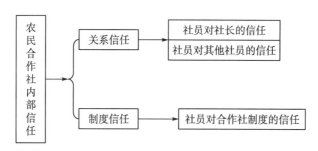

图 2-2　农民合作社内部信任类型

2.1.6　农民合作社绩效界定

从字面进行解释，绩效主要包括两个方面，即"绩"与"效"。"绩"是指业绩，主要表达的内容是组织利润目标，针对组织目标管理及职责要求进行具体评价。"效"是指效率，主要表现组织进行经济管理活动所获得的效果。对于绩效的含义，主要涉及以下几个方面：一是绩效属于一种结果。例如，管理学大师彼得·德鲁克直接将绩效定义为"直接成果"。其他学者也曾提出，绩效可以作为成绩或成果，即与目标相对应。二是绩效属于一种行为，是以目标为导向的行为体现。三是绩效属于结果与行为的综合表现。

从企业经营发展来讲，财务部门所给出的绩效定义为，在特定的周期内企业经营所创造的业绩和成果，其中经营绩效主要涉及的内容有盈利、经营、偿债等方面，主要利用市场占有率、销售额、毛利率、投资回报率等企业经营发展指标来对经营绩效进行反映。从管理学角度讲，绩效主要是指组织针对设定的目标而实施相应的行为，主要包括两个层面，即总的组织绩效和个人绩效。组织绩效是通过个人绩效实现的，将组织绩效进行分解，不同的部门及不同的岗位执行相应的绩效目标，最终才能促使企业绩效目标得以完成。

在社会经济发展环境下，根据企业发展所提出的管理要求，企业应坚持长期发展的目标，将绩效当成衡量个人绩效高低，以及组织运行状态、服务效率、组织功能运转程度的指标。总之，绩效是针对组织经济管理环节的功能情况所展开的评估方法。

对于农民合作社来讲，其绩效主要是指经营发展中所产生的结果及采取的行为。虽说合作社是一种特殊的企业，但其仍具备企业的一些共同性质，因此分析其绩效需要从多个角度进行，只有这样才可以真实了解合作社的实际经营情况、社员收益、持续发展潜力等。本书主要选择经济与非经济两个维度综合评价农民合作社绩效，以此进行二维度的综合衡量。

2.2　理　论　基　础

2.2.1　交易成本理论

大卫·休谟和亚当·斯密第一次提出了交易成本思想，不过直到 1937 年英国经济学家科斯在《企业的性质》中对其进行了全面概括，交易成本思想才成为经济学的基础理论。交易成本理论可以用来划分经济责任，在市场环境当中，只要有交易行为，无论是企业还是别的社会团体，它们的基本作用就是鼓励各行业联合起来形成一个整体参与市场竞争，将市场参与者人数控制在合理范围内，减少成本，提高稳定性。科斯虽没有具体定义交易成本的概念，但却指出了交易成本的构成。交易成本这一概念是由阿罗定义的。他指出交易成本是指"利用经济制度的成本"。在此以后，大批的制度经济学家，如德姆塞茨、弗鲁博顿、张五常、鲁道夫·芮切特等，以阿罗的研究为基础，从制度层面对交易成本做出了许多不同的定义和解释。由于不同学者对交易的理解不同，对交易成本的解读也不同。而这些不同的概念，可以理解为是以康芒斯的交易研究为基础而进行深入研究所得出的结论，其中康芒斯所提出的买卖交易、管理交易及限额交易具有非常关键的意义。因此，交易成本既包含新制度经济学所涉及的交易，又包含新古典经济学中的成本，两者相结合形成了交易成本概念。

尤其值得关注的是，专业社会组织在建立与维护的过程所造成的成本消耗，作为一种社会性的组织成本(即管理型交易成本)，本质上是针对市场型交易成本进行的有效替换。所以，从本质的角度讲，可以将交易成本看成分工和专业化相关费用。也就是说，我们要通过分工获得专业化的好处，就必须为此支付交易成本，即来自专业化和分工的利得并非是免费的。从微观层面考虑，交易成本由于产生条件或原因具有差别，相应的解决途径必然存在差异。在交易过程中，外生交易成本与机会主义毫无关联，同时其必然会发生，对于这种成本来讲，最关键的、有效的降低成本的措施是技术革新。然而针对交易中由于机会主义与信息不对称所产生的成本问题，最有效的方法仍是通过制度来解决。

交易成本经济学中关于农业合作组织的探讨是针对契约方面而言的。只要这些农业合作组织都建立起一定的契约关系，那么它们就可以通过降低成本参与市场竞争。契约组织中也包括合作社，因此其同样适用于交易成本理论。针对我国农民合作社发展状况，我国农民大多是分户承包，组织不够一体化，农民的经营效益无法实现最大化，而且所获得的信息资源都不够稳定，导致交易成本普遍过高。建立合作社组织，可以帮助农民解决生产经营、服务质量、成本等问题，形成一个整体参与市场竞争，进而控制整个交易成本。

2.2.2　不完全契约理论

自 20 世纪 70 年代起，经济学中就开始频繁使用"契约"这一词语。直到今天，经济学中用来分析市场状况最常用的分析手段就是我们所说的契约理论。在对企业自身的特性、组织结构、基本制度进行全面了解的基础上，利用契约理论可把这些因素进一步完善。在契约经济学中有一种完全契约理论，在形成契约之后，发生的一切风险和突发性情况双方都必须承担相应的责任，如果双方意见不够统一，就需要第三方做出合理的判决。我们通过契约经济学了解到，不完全契约理论不同于完全契约理论，在建立契约的过程中，双方都没有充分考虑到未来的潜在风险还有突发性事件，从而也没有提出具体的应对风险的措施和各自应承担的义务，导致第三方很难做出合理的判决结果。哈特将影响不完全契约理论的因素大致分为了五个方面：①双方之间交流沟通存在障碍，没有形成条件一致的契约；②双方缺乏理性，没有及时说明关于契约所有可能出现的状况；③收集信息的成本过高，导致入不敷出，很难获得利润；④存在信息不对称情况；⑤垄断经营的偏好。

2.2.3　利益相关者理论

利益相关者一词首次由斯坦福研究院在 1963 年提出，之后被安索夫利用，在他看来，首先需要了解清楚可能影响企业发展的相关因素，无论是股东、供应商还是顾客、员工之间，他们的利益必须要综合考虑，尽可能满足不同主体的要求，只有这样才能制定正确的发展战略。在 1984 年，弗里曼的研究著作《战略管理：利益相关者方法》一书开始发行。该书主要针对利益相关者管理方面进行了讨论，可以说是首次提出利益相关者理论的书籍。1995

年布瑞纳等通过研究弗里曼的理论观点，进一步对该理论进行深入的探讨，并获得了一定成果。

利益相关者理论的发展历程主要包括如下三个阶段：①影响企业生存；②实施战略管理；③参与所有权分配。再加上对组织理论、公司治理理论、企业伦理学、战略管理理论的深入分析，可以非常明确地看出，利益相关者理论在企业经营环节是十分重要的。不过目前学术界对于利益相关者理论的研究主体还没有得出同样的结论，而且有些研究人员提出的观点还稍显片面，并未站在企业发展的综合角度考虑，不过，这也激励了研究人员更深一步展开对利益相关者理论方面的探索。

农民合作社与一般企业存在相似之处，企业需要参与市场竞争并不断完善企业的体制政策，在实践过程中，"利益相关者至上"原则慢慢取代了以往的"股东至上"原则。农民合作社也同样适用这一原则，与合作社有关的管理者、社员、顾客都属于利益相关者，他们的主体地位都是统一的。针对当前我国农民合作社的状况，合作社必须为所有人的自身利益考虑，以此来实现不同主体的共同利益。

2.2.4　委托代理理论

20 世纪 30 年代产生了委托代理理论（principal-agent theory），该理论是由美国经济学家伯利与米恩斯共同提出的，其主要针对公司的经营者与所有者为同一人时存在的问题进行研究，分析得出相关理论观点。委托代理理论的主要内涵是，公司的所有权与经营权不可以让同一人拥有，公司的所有权拥有者可以将经营权进行转移，并保持剩余价值索取权。委托代理理论直接成为现代企业管理的核心思想，这一理论是由合同论演变而来的。在 1960～1970 年，众多研究经济的学者针对公司管理问题、激励体系等进行了深入分析，由此给委托代理理论的确立创造了条件。其目的是探索当利益不平衡、交流不通畅时，被代理者怎样做出最好的合同激励代理者。

委托代理理论是制度经济学契约理论的主要内容之一，探索的对象是委托代理关系，这种关系是指一个或多个行为主体根据一种明示或隐含的契约所形成的关系。委托代理的主要内容为某个体通过各种形式的合同，与其他个体进行约定，从而履行合同中所罗列项目。在此阶段中，委托人赋予了代理人一些相应的权利，并且按照合同中所规定的款项结合实际情况派发酬劳。委托代理关系是在专业化中逐渐形成的，代理者所处的位置比较有利。现代化委托代理关系概念是由罗斯提出的，其认为代理人因行使被代理人的权利而产生代理关系。与从微观经济学角度所分析的内涵所不同，罗斯主要阐述了组织在表现方面具备优势。

　　从本质的角度讲，委托代理理论的核心为生产力的提升及规模的扩大促使委托代理关系建立。首先，由于生产力的进一步分工，且受到文化水平以及其他方面的条件约束，权利持有人不可以利用其权利。其次，生产经营的专业化趋势，促使专业经理人得到快速发展，并且他们具备了代为行使权利的充足条件和能力。在这种关系体系中，委托人与代理人之间存在需求方面的矛盾，同时其也是利益存在矛盾的地方。从委托人的角度讲，其主要关注点集中在自身财富和利益增长情况，而代理人所考虑的问题同样的是自身利益，包括工资收入、补贴福利、奢侈品消费，以及自由时间等因素。在制度不生效的情况下，代理人执行代理行为将导致委托人的利益受损，但目前很多行业都存在代理行为。

2.3　本　章　小　结

　　本章是本书的研究基础，首先笔者对农民合作社进行质性界定，把其定性为政府扶持的自治自律互助式农业企业法人。其次，笔者通过梳理心理学、社会学、经济学等学科对信任的定义及研究中国人信任本土化特色给出了农民合作社内部信任的定义，即社员认为加入合作社后能够提高其收入，相信合作社或社长会为其办事并乐于与之合作的心理和行为。最后，对与本书研究相关的理论进行了概括与分析，并论述了其具体发展历程，从而为接下来的研究工作作铺垫。

第 3 章　农民合作社概述及绩效评价指标体系构建

3.1　我国农民合作社的发展历程

从发展的角度讲，合作社最初是由农户家庭经营这种模式逐渐发展起来的，在农村市场改革的基础上，商品经济得到快速发展，由此形成了新的农村产业组织发展模式，该过程基本与农村市场改革、商品化发展相协调。在 20 世纪 80 年代，我国逐渐开始建立农民合作社，从时间的角度进行划分，其发展历程主要经历了三个时期，即萌芽、起步期(20 世纪 80 年代初至 90 年代中后期)、全面推进和稳定发展期(20 世纪 90 年代后期至 2006 年)、快速发展期(2007 年至今)，而从组织形式上分为小农户自发探索期与创新者探索期。也有学者根据《中华人民共和国农民专业合作社法》的颁布时间对其进行划分，即颁布前属于小农户自发摸索期，颁布后属于创新者摸索期。考虑到本书研究目的，笔者重点研究第二种分类。

3.1.1　小农户自发探索期

随着农业市场化越来越明显，以及农产品市场竞争的加剧，农民要想确保自身利益不受损害，应该齐心协力。在这种背景下，农民自发建立了农民合作社，不过这种内生性合作组织发展的难度很大。这是由于农民在集体行动中未按照个人可以获得的好处来衡量得失，而是按照和身边人的收益对比来对个人行动进行权衡，没有从自身角度出发，只在乎其他人有没有从自己的行动中获得好处，农民这种观点让他们产生了特殊的公平思想。虽然农民的这种思想违背了"经济人"理性思维逻辑，而且不科学，不过在农民看来却很正常。农民的非理性心理会因为农民这种公平观而逐渐蔓延，因此也难以解决其他人"搭便车"的问题，让现实合作的可能性化为零。小农户之间的合作面临着很大的困难。

3.1.2　创新者探索期

小农户需要合作但是不知道如何合作时，就可选择创新者领导的外生性合作组织。创新者(供销合作社、农业企业、产销大户等)可以变成合作决定性力量的原因有两点：首先，和一般农户相对比，创新者的人力资源、资本及社会资源都更充足，可以在组织上投入更多创建资金；其次，他们预期可以掌握绝对的经济利益、控制权及政治利益，从而以此对投入的资金进行弥补。我们一样可以通过博弈论的方式对创新者领导的外生性合作组织的形成进行解释。

假设有多个农户，这些农户都想要获得更多的经济效益，可是这些农户之间的能力水平又参差不齐，因此可以将这些农户分为能力较强的群体和能力一般的多数群体，分别用 n_1 和 n_2 来表示。这两个群体有个共同特性，那就是很多利益都需要通过合作产生。既然利益需要通过合作产生，合作过程中就需要有带头人。在合作时大家能力水平不同，做出的贡献也不同，因此成本也会不同，假设核心成员分担部分为 c_1，普通成员分担部分为 c_2。假设合作获得的总收益为 b，那么合作核心成员和普通成员分得的利益也是不同的，用 b_1 表示核心成员分得的利益，b_2 表示普通成员分得的利益。

所有农户都可以选择"搭便车"或者参加合作社，"搭便车"不需要承担合作社的成本，但是依旧可以享受合作社带来的效益，而合作社成员虽然可以享受效益，但是需要承担合作成本。在对所有农户进行分析时，分别从核心成员及普通成员中选出一名代表，用 E 和 G 表示，每个人在做出自己选择时都知道别人的选择，从而就形成了搭便车博弈模型(表 3-1)。

表 3-1　核心成员和普通成员之间合作的博弈模型

		普通成员 G	
		参加合作社(C)	"搭便车"(F)
核心成员 E	参加合作社(C)	$(b_1-c_1)/n_1$，$(b_2-c_2)/n_2$	$(b_1-c_1-c_2)/n_1$，b_2/n_2
	"搭便车"(F)	b_1/n_1，$(b_2-c_1-c_2)/n_2$	0，0

(1)如果 E 选择参加合作社，那么普通成员 G 的成本就变成了 $(b_2-c_2)/n_2$，但是如果普通成员 G 选择"搭便车"，那么其只需要支付 $(b_2-c_1-c_2)/n_2$，在"高合作成本低合作收益"的情况下很可能为负，而普通成员 G "搭便车"的支付水平是 0。如果没有明确的制度和规范约束，那么会出现越来越多类似于 G 的农户选择"搭便车"，从中获得更多的效益。

(2)E 在决策时肯定会考虑 G 选择"搭便车"这一状况，此时 E 就需要考虑其加入合作社的支付成本 $(b_1-c_1-c_2)/n_1$。假如 E 加入合作社之后能够获得更多的经济效益，那么 E 必然会选择加入或者建立合作社来获取利益。

(3)如果 E 加入或者建立了合作社之后，让合作社更加规范和专业，并出台了一系列制度和措施来保障合作社的利益，那么 G "搭便车"获得的效益将会大大减少，一旦普通成员 G 出现"搭便车"的情况，很有可能受到合作社制度的惩罚。此时合作社成员的支付水平将会达到预期效果。合作社的运行也会逐步走向正规，大家最终获得效益将会按照其做出的贡献来划分。

通过合作社产生过程可知，大部分农民合作社都是个别创新者，如产销大户在高额利润的影响下进行诱导性机制变革，此阶段下的核心成员和普通成员之间会产生合作的博弈，同时经济利益上也会产生一定的分歧。

3.2　我国农民合作社的状况——以云南省为例

为了全面论述和分析我国农民合作社发展情况，本书针对云南省展开调查分析，结合调查相关数据通过定量与定性分析阐述了农民合作社的发展状况。根据对云南省 16 个州、市农村经营管理情况统计年报数据汇总[①]，发现农民合作社发展情况如下。

3.2.1　合作社规模壮大、数量增长

相关统计数据表明，到 2015 年底，云南省农民合作社的数量达 3.55 万个，比上年增加 7419 个，增长 26.44%。其中被国家、省、州(市)三级认定为示范社 2117 个，占合作社总数的 5.97%。农民合作社实有成员 155.25 万人(户)，比上年增长 15.43%，并且平均每个合作社成员为 43 人，农户占据了大量的比例。同时合作社的引导作用也非常强势，带动了 189.05 万户的未入社的农户，同期相比提高了 5.45%，按照平均数值计算则是 1 个合作社可以带动 53 户农户。

从入社农户的情况看，云南省实有入社农户的比例只占全省农户总数的 15.42%，其中登记的大部分合作社的组成成员不够全面，存在很多尚未登记的成员，对合作社产生了不小的影响，尤其是产权关系明确方面。2015 年云

---

① 本节数据来源于《云南省新型经营主体统计汇编 2016》，由云南省农村经济经营管理站编写

南省工商行政管理局登记在册的成员数，平均每个合作社只有 20 人，但据农村经济信息统计报表数据，云南省农民合作社实有成员平均每社为 43 人，超过 50%以上的成员没有在工商部门进行登记。

3.2.2　粮食生产合作社稳步增长，种植与养殖合作社仍占据较大比重

分析的农民合作社中，业务范围覆盖领域不断拓展。按业务范围分，2015年种植业 2.45 万个，比上年增长 36.11%，比重为 69.01%；养殖业 1.11 万个，比上年增长 24.72%，比重为 31.27%；服务业 1374 个，比上年增长 19.58%，比重为 3.87%。粮食生产类合作社 1289 个，占种植业的 5.26%，比上年增加297 个，增长 29.94%，比重为 3.63%。

从业务范围看：农民合作社已覆盖云南省 16 个州（市）、129 个县（市、区）。在产业上有种植业、林业、畜牧业、渔业、服务业和其他行业；所涉及的服务内容非常全面，包括从生产到销售的多个环节，如生产、销售、储存、运输、加工等。农民合作社已成为千家万户生产者与千变万化的大市场连接的桥梁、纽带，成为建设新农村，带动农民共同致富，创建和谐社会，发展农村经济的催化剂。但合作社普遍存在"小、散、弱"的问题，资金匮乏、实力不强，大部分专业合作社产品处于农产品产业链上的低端位置，为成员提供的服务限于成员培训、技术信息服务和投入品的联合采供；提供联合议价、产品营销、加工、运输、与生产经营有关的技术信息等服务的合作社比重太少。销售产品还是采取坐等客商上门收购或将产品直接销售到本地市场和加工企业的传统销售方式。

3.2.3　合作社领办人主要包括村干部和农村能人

根据农业合作社领办人的身份进行划分，2015 年农村能人带头建立了3.32 万个的合作社，比 2014 年增加 7095 个，增长 27.20%，占合作社的比重为 93.52%；由村干部牵头成立的合作社 4645 个，比 2014 年增加 637 个，增长 15.89%，占合作社总数的比重为 13.08%；一些与农业技术等方面相关的组织共带头建立了 289 个合作社，比例为 0.73%；一些主体也参与合作社的创建，具体的数量为 1424 个，占合作社的比重为 4.01%。

3.2.4　合作社品牌建设不断加强，三品认证逐级提升

2015 年云南省有注册商标的合作社 1431 个，比 2014 年增加了 327 个，增长 29.62%，占合作社总数的 4.03%；获得三品认证(指无公害农产品认证、绿色食品认证、有机农产品认证)的合作社 538 个，比上年增长 16.49%。其中，获得有机农产品资格、绿色食品资格及无公害农产品资格的合作社数量分别为 40 个、114 个和 353 个，与上一年相比都实现了增长。

3.2.5　合作社经营服务总值大幅上涨，可分配盈余不断提升

据不完全统计，云南省合作社 2015 年所创造的经营服务总值达到了 167.64 亿元，在农产品销售环节，总值达到了 134.65 亿元，与 2014 年相比上涨幅度为 6.5%，平均每个成员销售农产品 8672 元；在购买农业生产方面，总共达到了 32.99 亿元，比上年增长 6.59%，平均每个成员为购买农业生产投入品花费 2125 元。2015 年，全部的农民合作社总收入达到了 76.24 亿元，其中每个合作社平均收入为 21.49 万元，盈余分配金额达到了 15.99 亿元，与 2014 年相比大幅增长。其中合作社的盈余按交易量返还 9.47 亿元，按股分红 2.11 亿元。其中有 5528 个合作社按照交易量返还，其所占据的比例为 15%左右，其中依据法律返还比例超过可分配盈余 60%的合作社 4235 个，占 76.61%。

3.3　农民合作社的组织特质

3.3.1　农民合作社发展的时代特征

为了更好地总结合作社发展的时代特征，笔者接下来将其与人民公社制度进行对比分析。①二者在组织性质上有着本质的区别。人民公社是政社合一的组织，是那个特定历史阶段我国社会主义社会在农村中的基层单位，也是那个时期我国社会主义政权在农村中的基层单位，具有经济、政治、社会和文化等多方面的职能；按照《中华人民共和国农民专业合作社法》规定合作社则是一个由农民民主管理的互助性经济组织。②人民公社时期，土地归集体所有，并主要体现为生产队所有；合作社则建立在土地集体所有，农户

以家庭为单位承包经营的基础上。③人民公社制度内嵌于村落之中，实现了革命与传统的有机衔接；合作社或内嵌于村落或超越于村落之上，受村落传统与村落文化的影响。④人民公社时期，社员被强制纳入集体之中，没有自主选择权和自由退出权；在合作社的发展中，社员可以自愿加入、自由退出。⑤在人民公社时期，农民被束缚在土地之上，农业经营内卷化现象严重；农民合作社快速发展则建立在大量农村劳动力外流，农业从业者人员不足的基础上，反而有利于增加农村就业机会，提升从业者的就业质量，培养职业农民。除此之外，二者在养老、医疗等保障制度方面也存在一定的区别。例如，人民公社时期，农村实行普通社员家庭养老与特殊群体集体养老服务保障制度，而在医疗方面实行的是合作医疗保障制度，社员看病主要依靠赤脚医生；合作社时期，随着新型农村合作医疗的发展，合作社较少介入社员养老和医疗等社会保障事业。

3.3.2　农民合作社发展的本土特质

关于农民合作社的发展方向，应当充分借鉴日本、韩国等东亚国家和中国台湾地区的发展经验。本章接下来将对日本、韩国的农协及中国台湾农会进行简单的介绍和比较分析，从中总结、归纳当前中国农民合作社发展的本土特质。

①中国农民合作社遵循的是自下而上的发展模式，层级架构尚显单一。无论是日本和韩国的农协，还是中国台湾农会，遵循的都是自上而下的发展逻辑，政府在组织的诞生与发展中发挥主导性作用，是合作组织与合作制度创新及变迁的基本推动力量。与之相比，中国政府部门对合作社的建设起到了间接的扶持作用，但具体效果相对有限。②从经营的角度讲，中国农民合作社涉及的业务比较少，盈利能力不强。日本和韩国的农协和中国台湾农会的经营业务繁多，涉及农业生产经营链条的多个环节，均为综合性合作经济组织。③中国农民合作社的成员以农民为主体。每个成员无身份差异均享同等的合作权利。日本和韩国的农协及中国台湾农会，都积极吸纳非农民社员加入组织，但对他们的合作权利予以严格的限制。④中国农民合作社的法律定位是一种互助性经济组织，具有显著的经济功能和经济价值，却明显缺乏社会功能及对社会价值的追求。日本和韩国的农协和中国台湾农会，都秉持经济与社会不分家的原则，经营业务涉及农民生产生活的各个方面，为社员提供的是全方位的服务，通过开展各项经济业务获得利润，并以此为组织社会功能的发展提供经济支撑，从而实现经济功能、社会功能，以及文化、教育等功能在组织内部的互补。当前中国农

民合作社的发展往往强调的是组织的经济功能和经济价值，大多数农民合作社既没有明显的社会功能，也缺乏对社会价值的追求。

3.3.3 合作社与公司治理机制比较分析

一直以来，我国农民合作社的组织结构设计与实施都受到公司治理机制的影响，虽然二者有很多相似之处，但也有着本质的区别，具体见表 3-2。

表 3-2 合作社与公司治理区别表

区别	合作社	公司治理机制
性质	人合法人	资合法人
成立目的	直接目的是社员之间的互助，根本目的是提高社员的福利，目的是为社员服务	通过盈利来实现股东资本的增值
权利基础	社员的劳动	出资
组织机构复杂程度	相对简单	相对复杂
享受的优惠条件	政府扶持力度较大	除特殊产业的公司外，必须按照法律的规定缴纳税款，国家除了提供一个公平竞争和平等有序的市场环境外，在政策上并未给予公司以特殊的扶持
表决权	一人一票，不以社员的出资多少给予社员不同的表决权	资本多数权，按出资比例或股份取得
服务对象	社员	消费者
退出机制	自由退出	公司法一般不允许股东在公司成立之后抽回出资，股东只能向第三人转让其所持有的公司股份
权利能否转让	社会权利不能转让，成员缴纳的入社股金，也不可转让	股东权利拥有的股权可以自由流通
盈余分配	惠顾返还	提取公积金、留存收益用于扩大再生产

3.4 农户加入农民合作社的根本动机

在西方经济学领域，现代企业理论是非间接性地探究组织的构成机制的始端。在西方现代企业理论中，一直是以科斯首创的交易费用理论为主流，交易费用解释企业组织的形成问题，等于是对企业存在合理性的解释。市场与经济机构能够相互融通，双方都将协调方式作为根本内容的机制设定，市场能够被经济组织替代，是由于能够节约交易的耗费。

科斯(1937 年)在对企业存在的合理性进行解释时，将其当成众多基于劳资关系而制定的合约，其主要观点就是市场资源配置离不开物资的投入。单一协约能够代替众多协约，长久协约代替较短时期的协约，这就是企业存在的原因，最终致使协约的数目下降。科斯借用交易费用理论阐释了企业产生的原因。1957 年，威廉姆森探究了决定交易耗费的因子，这些因子包含：市场领域仅存在较少的谈判领域的竞争者；无法预知的情形；专门化的资产；带有侥幸心态的举措；狭隘的理性思考。因此威廉姆森所谈及的情况中深受环境因素及人的因素的影响，并且这些因素常常是同一时间发挥效用（图 3-1）。交易费用理念的协约代替，减少了商品流通环节的耗费。

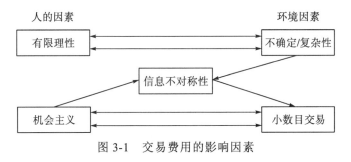

图 3-1　交易费用的影响因素

　　如图 3-2 和图 3-3 所示，分别反映了农户直接进入市场支付的交易费用的剩余情况和农户通过农民合作社进入市场支付的交易费用的剩余情况。假设 SS 为产品供给者的供给曲线（亦即供给者的边际成本曲线 MC_1），MR_1 为产品供给者的边际收益曲线；DD 为农户对产品的需求曲线（亦即农户的边际收益曲线 MR_2）；MC_2 为农户获取产品的边际成本。在完全竞争市场中，市场均衡点为 SS 与 DD 的交点 E_0，均衡价格为 P_0，产品供给者的生产者剩余 PS_0 和农户的消费者剩余 CS_0 分别为：$PS_0 = \triangle P_0 E_0 A$ 的面积，$CS_0 = \triangle P_0 E_0 B$ 的面积。而在实际交易过程中，由于单个农户往往处于不利的谈判地位，成为被动的价格接受者，市场均衡点为 MC_1 与 MR_1 的交点 E_1，价格为 P_1。在这种情况下，产品供给者的生产者剩余 PS_1 和农户的消费者剩余 CS_1 分别为：$PS_1 = \triangle P_1 FA$ 的面积和 $CS_1 = \triangle P_1 CB$ 的面积。

　　如图 3-2 所示，农户的消费者剩余减少了 $P_0 E_0 C P_1$ 这块梯形的面积，这部分剩余被农户直接进入市场所承担的市场交易费用所消耗了。当农户通过合作社进入市场时，不直接与供给者接触，而是由合作社以一个团体的身份与供给者进行交易，其谈判能力比单个农户显著增强。当农民合作社的实力与供给者的实力相当时，市场均衡点为 SS 和 DD 的交点 E_0，均衡价格为 P_0，农户的消费者剩余与完全竞争情形下的消费者剩余相等，分别为 PS_0 和 CS_0；当农民合作社的实力较强时，农户在谈判中处于优势地位，将迫使供给者接受自己的条件，以达到利润最大化，即 $MR_2 = MC_2$，市场均衡点为 E_2（图 3-3），这时供给者的生产者剩余 PS_2 和农户的消费者剩余 CS_2 分别为：$PS_2=\triangle P_2GB$ 的面积，$CS_2=\triangle P_2CA$ 的面积。农户凭借合作社的整体优势，使消费者剩余增加了梯形 $P_0E_0GP_2$ 的面积，其中面积 $P_0E_0CP_2$ 为供给者本应拥有的一部分生产者剩余。当农民合作社的实力较弱时，处于谈判劣势地位，情形与农户直接进入市场相类似，但由于合作社的总体实力大于单个农户，消费者剩余的损失将小于农户单个进入市场的损失量。因此，农户通过农民合作社进入市场会大大降低交易费用，提高收益率。

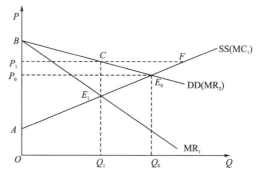

图 3-2　农户直接进入市场的交易费用剩余情况

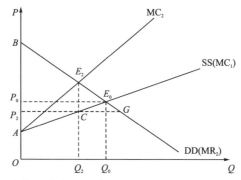

图 3-3　农户通过农民合作社进入市场的交易费用剩余情况

3.5　农民合作社"双重绩效"评价指标体系构建

3.5.1　"双重绩效"评价的理论依据及现实意义

笔者主要根据利益相关者理论来建立合作社"双重绩效"评价指标体系。针对当前我国农民合作社的状况，其必须为利益相关者的自身利益考虑，以此来实现不同主体的共同利益。由上文分析可知，作为合作社绝大多数参与者的农户，其加入合作社的根本动机是获取经济利益最大化，同时其他利益相关者(除政府外)也或多或少是为了赚取经济利益。作为一个特殊的农业企业法人，合作社对外以营利为目标，对内还要以服务社员为主旨，同时还要履行一般企业应承担的社会责任、环境责任等。为此，我们把合作社的绩效分为经济绩效及非经济绩效两种。经济绩效是指对经济与资源分配及资源利用有关的效率的评价，本书对此概念进行了简化和具体化，主要指在合作社运作过程中，通过资源分配及资源利用手段为社员和合作社所带来的收益。而非经济绩效则是指经济绩效以外的其他绩效。上述评价模式的构建，可以有效地对合作社各方面的责任进行引导，包括经济、社会等责任，从而使合作社能够代表广大普通社员的利益。同时"双重绩效"评价指标体系的构建能够较客观地对合作社绩效进行评估，为内部信任关系分析提供了理论与数据依据。

3.5.2　"双重绩效"评价指标体系框架

在对指标的选择方面，必须重视科学性、准确性、可行性及获利性，同时还要防止出现指标重复、数量太多的情况，设置太多的指标将导致评价的准确度降低。

农民合作社区别于一般企业，主要以为成员提供服务为核心，同时其作为一个经济实体，也要充分重视经济绩效等内容。从发展的角度讲，经济绩效必须做到社员和合作社的收益相结合。为此，本书中经济绩效评价指标选择了社员人均年纯收入的提高 X_1、盈利返还数 X_2 及合作社为社员销售农产品的比例 X_3。而非经济绩效评价指标选择了社员是否有退社的想法 Y_1、加入合作社的人数 Y_2 及是否拥有自己产品的品牌 Y_3 三个指标，具体见表 3-3。

表 3-3　农民合作社"双重绩效"评价指标及其构成体系

目标层	准则层	指标层
		社员人均年纯收入的提高 X_1
	经济绩效	盈利返还数 X_2
		合作社为社员销售农产品的比例 X_3
绩效		社员是否有退社的想法 Y_1
	非经济绩效	加入合作社的人数 Y_2
		是否拥有自己产品的品牌 Y_3

3.6　基于层次分析法的"双重绩效"权重计算

目前的相关研究表明，大部分学者针对合作社绩效评价的指标权重计算过程中通常会采取两种方法，即层次分析法及专家赋权法。其中，专家赋权法主观特征比较明显，主要为定性方法。而层次分析法不仅能够客观展开分析计算，同时可以结合专家的主观判断，这种方法在进行定量分析的同时又涉及了定性分析，所以，本书主要采取层次分析法进行指标权重的设定。

其中，层次分析法中的重点在于判断矩阵的建立。其中，对矩阵元素值进行明确涉及两个步骤：一是挑选专家组成员；二是由专家进行打分。本书专家由高校教师 4 名、省农业厅专家 1 名及农民合作社社长 1 名组成。在专家打分阶段，尤其是建立判断矩阵时往往会存在主观性比较突出的情况，因此，为了避免问题的严重化，减弱影响，通过德尔菲法对其进行优化。

以下主要针对层次分析法的指标权重明确过程进行论述，并主要以准则层为目标。

(1)针对目标层进行绩效判断矩阵 H 的构建，并按照以上专家打分步骤，对矩阵元素值进行明确，本书计算方法采用 Satty 的研究结论。具体见表 3-4。

表 3-4　判断尺度

标度	1	3	5	7	9	2，4，6，8
含义	同等重要	稍微重要	明显重要	强烈重要	绝对重要	两相邻判断的中间值

例如，针对元素 A 与 B，专家们采取三轮评分的方式，在重要性方面所得出的结果是，A 明显重要于 B。由此可得到以下矩阵。

$$\begin{pmatrix} H & A & B \\ A & 1 & 5 \\ B & 1/5 & 1 \end{pmatrix} \tag{3-1}$$

指标层 1：X_1 与 X_2 同等重要，X_1 与 X_3 相比，其重要性介于同等重要与稍微重要之间，X_2 与 X_3 相比，其重要性介于同等重要与稍微重要之间。由此得到以下矩阵。

$$\begin{pmatrix} H_1 & X_1 & X_2 & X_3 \\ X_1 & 1 & 1 & 2 \\ X_2 & 1 & 1 & 2 \\ X_3 & 1/2 & 1/2 & 1 \end{pmatrix} \qquad (3\text{-}2)$$

指标层 2：Y_2 与 Y_1 相比，其重要性介于稍微重要与明显重要之间，Y_3 与 Y_1 相比，其重要性介于同等重要和稍微重要之间，Y_2 与 Y_3 相比，其重要性介于同等重要与稍微重要之间。由此得到以下矩阵。

$$\begin{pmatrix} H_2 & Y_1 & Y_2 & Y_3 \\ Y_1 & 1 & 1/4 & 1/2 \\ Y_2 & 4 & 1 & 2 \\ Y_3 & 2 & 1/2 & 2 \end{pmatrix} \qquad (3\text{-}3)$$

(2)对判断矩阵的最大特征值进行计算。首先，对所有元素进行几何平均值的计算，即 $M_i = \sqrt[n]{\prod_{j=1}^{n} a_{ij}}$，$i = 1,2,\cdots,n$，得到向量 $\boldsymbol{M} = (M_1, M_2, \cdots, M_n)^{\mathrm{T}}$，$n$ 为矩阵阶数。其次，对向量 $\boldsymbol{M}$ 进行归一化处理，$W_i = M_i \Big/ \sum_{j=1}^{n} M_j$，得到向量 $\boldsymbol{W} = (W_1, W_2, \cdots, W_n)^{\mathrm{T}}$，$W_i$ 是每项指标所计算的权重。最后，根据公式 $HW = nW$ 得 $\lambda_{\max} = \dfrac{1}{n} \sum_{i=1}^{n} \dfrac{(HW)_i}{W_i}$，由此计算最大特征值。

(3)进行单层一致性检验。根据公式 CR=CI/RI，其中 $\text{CI} = (\lambda_{\max} - n)/(n-1)$。CR 代表一致性检验系数；CI 代表单层一致性检验系数；RI 代表平均随机一致性指标，其数值主要通过数学工具书查找得到，见表 3-5。

表 3-5　RI 值与 n 的关系

n	1	2	3	4	5	6	7	8	9	10	11
RI	0	0	0.58	0.9	1.12	1.24	1.32	1.41	1.45	1.49	1.51

当 CR≤0.1 时，判断矩阵符合一致性要求，反之必须重新对判断矩阵进行调整。根据上述数据和公式展开计算，其中得出 CR<0.1，明显符合一致性要求。所以，所选择的权重系数可以被采用。根据上述流程，在此对指标层进行权重分析及一致性检验。最后，进行总体一致性检验。调研数据整理后具体见表 3-6。

表 3-6　绩效指标权重及一致性检验

一级指标	二级指标	三级指标
绩效	经济绩效 (0.8333)	加入合作社后，我的人均年纯收入有所提高(0.4)
		我得到的盈利返还数总体呈上涨趋势(0.4)
		为社员销售农产品的比例较高(0.2)
	非经济绩效 (0.1667)	我目前没有退社的想法(0.1429)
		加入合作社的人数越来越多(0.5714)
		我们拥有自己产品的品牌(0.2857)

注：判断矩阵 1，CI=0、RI=0、CR=0；判断矩阵 2，CI=0、RI=0.58、CR=0；判断矩阵 3，CI=0、RI=0.58、CR=0，均通过一致性检验

3.7　"双重绩效"评价模式的应用

3.7.1　调研对象的选取与调研结果

笔者于 2015 年 8 月至 2016 年 10 月对云南省建水、澜沧、禄劝、昌宁四县 25 家农民合作社社员进行入户访谈调研，如此选择，主要基于以下两方面的考虑。

(1)在地理特征上，这四个县分属于云南省东、中、西部地区，其地理地貌、气候条件、主要生产的农产品品类相差较大，不同地级市(州)对农民合作社支持程度也不甚相同，故合作社治理结构、信任水平及经济绩效等所要调研的指标形态可能也存在较大差异，在有限经费支持下，选择这四个县进行调研对云南省农民合作社来说具有一定的代表性。

(2)以上四县的农村经济发展水平差异较大，这对于全面了解经济发展程度不同地区的农民合作社的规范发展、内部信任、治理机制、绩效水平等情况具有重要参考价值。

采取随机抽样和典型抽样相结合的方式对农民合作社进行问卷调查，共采集样本 452 份，考虑到问卷的完整性，建水 4 家合作社全部数据、昌宁 2 家合作社数据不予使用，共收回了有效样本 367 份，有效回收率 81.2%，见表 3-7。

表 3-7　调查样本的来源及构成

调查区域	合作社	频次	比例
澜沧	宏丰咖啡农民专业合作社	50	13.62%
	广源茶叶农民专业合作社	51	13.90%
	志新肉牛养殖农民专业合作社	13	3.54%
禄劝	枝福烤烟技术服务专业合作社	25	6.81%
	云兴种植专业合作社	25	6.81%
	三村白芨种植专业合作社	25	6.81%
	海昌林业专业合作社	25	6.81%
	联合中草药种植专业合作社	25	6.81%
	新合林下种植专业合作社	25	6.81%
昌宁	临福源林畜专业合作社	15	4.09%
	河尾福兴农机专业合作社	10	2.72%
	棚鲜食用菌专业合作社	12	3.27%
	正强嘎薄泡核桃专业合作社	9	2.45%
	绿源中草药种植专业合作社	9	2.45%
	大场诚信茶叶种植专业合作社	10	2.72%
	文银魔芋专业合作社	9	2.45%
	柯街嘉肴蔬菜专业合作社	8	2.18%
	智垚良种猪养殖专业合作社	9	2.45%
	乡富华荣鑫泡核桃专业合作社	12	3.27%

3.7.2　计算结果

　　农民合作社绩效评价过程中的每项具体指标都代表了一个评估分析角度，不同的指标需要不同的计量单位，为了进一步将这些不一样单位的数量进行比较，需要针对原始数据采取特别处理措施。本书在分析汇总过程中，主要根据《国有资本金效绩评价规则》中的相关内容，通过功效系数法对不同单位的数据进行转化，从而得出统一的数值。计算公式：具体某个指标的单项分数为指标实际分数减去指标最低值除以指标最高值减去指标最低值，所得数据乘以 40 再加上 60，最后得出的指标数值在 60～100 的范围内。同时将每项指标所得分数与对应的权重进行相乘并整理相加，最后所得出的结果就是农民专业合作社绩效得分，具体见表 3-8。

表 3-8 合作社绩效值及排名

调查区域	合作社	绩效值	排名
澜沧	宏丰咖啡农民专业合作社	64	13
	广源茶叶农民专业合作社	65	12
	志新肉牛养殖农民专业合作社	70	9
禄劝	枝福烤烟技术服务专业合作社	68	10
	云兴种植专业合作社	65	12
	三村白芨种植专业合作社	74	8
	海昌林业专业合作社	63	14
	联合中草药种植专业合作社	67	11
	新合林下种植专业合作社	65	12
昌宁	临福源林畜专业合作社	77	7
	河尾福兴农机专业合作社	79	6
	棚鲜食用菌专业合作社	89	1
	正强嘎薄泡核桃专业合作社	88	2
	绿源中草药种植专业合作社	80	5
	大场诚信茶叶种植专业合作社	87	3
	文银魔芋专业合作社	87	3
	柯街嘉肴蔬菜专业合作社	85	4
	智垚良种猪养殖专业合作社	80	5
	乡富华荣鑫泡核桃专业合作社	74	8

不难看出，所选取的合作社绩效评价结果相比于经济发达地区的合作社存在不小的距离，但与我们实际掌握的情况比较一致，评价结果能够较为真实地表明合作社实际发展情况，对未来合作社的发展具有积极的引导作用。

3.8 本 章 小 结

本章首先采用搭便车博弈模型分析得出农民合作社由内生性组织转变为外生性组织的必然性，即合作社从组织形式上分为小农户自发探索期及创新者探索期两个阶段。创新者探索期下的核心成员和普通成员之间会产生合作的博弈，同时经济利益上也会产生一定的分歧。考虑到笔者后续研究的样本数据均来自云南省内的农民合作社，故在此对云南农民合作社发展状况(2015 年)进行了描述。并在此基础上，分别与人民公社，日本、韩国的农协和中国台湾农会，以及公司制企业进行比较进而探讨了合作社发展的时代特征、本土特质及核心治理问题。其次，笔者研究了社员加入合作社的根本动机，得出获取经济利益是农民加入合作社的根本动机的结论。在前文研究结论的基础上，笔者针对农民合作社构建了"双重绩效"评价指标体系，通过层次分析法进行指标赋权，利用权重及功效系数法进行计算，得出农民合作社的具体绩效水平。

第4章 农民合作社内部信任及测度分析

4.1 信任：合作的核心

4.1.1 行为人模型简介

自 20 世纪 80 年代以来，行为人模型被越来越多地作为一种正式方法用来研究在何种条件下有限理性行为人可以演化出不同规模的合作。具体来讲，行为人模型是微观水平上相互影响的自主行为人的程式化模型，它可以导出宏观水平上的行为模式。行为人模型是基于各种关于个人行为人感知能力及其相互影响拓扑结构(网络)的假设的信息处理算法。这种模型首先需要识别能够发展出合作的条件。它明确定义了与总体各部分相互作用的有限理性行为人。这种模型的主要目标是找出演化宏观层次模式的微观层次机制，如公共资源困境中的合作。

案例研究分析、荟萃分析和人类受试者实验已经观察到了一系列不能用理性选择理论或其他通常用于研究集体行为的理论解释的行为规律。偏好差异、顾他性偏好和有限理性被认为是理解观察到的规律的重要因素。行为人模型的优点是重点关注行为人之间的互动。这些行为人通常是有限理性的，而且其特征各有不同。因为行为人由一系列在特定背景下做出特定行为的程序组成，所以可以建立起基于观察结果而不是基于分析模型的逻辑优雅的模型。同时，人们可以将行为人模型作为一种演绎推理，以产生可以在新的人类受试者实验或实践中检验的结果。

4.1.2 构建更一般的人类行为理论的思路

从传统集体行为理论得出的明确预测已经被一些可能的结果取代，包括某些乐观得多的结果。然而，理论和实证的前景却变得更不确定、更复杂。对合作的解释不再完全依赖于面临特定报酬函数的个人模型。相反，在生成可变的合作水平时，对合作的解释必须以个人学习和采用规范为基础，同时也要考虑微观环境变量和宏观环境变量的影响。我们认为，行为直接受到微观环境变量的影响，而微观环境变量反过来又受到宏观环境变量的影响。然而，有些方法并不明确包含微观环境，同时假设宏观环境和观察到的行为之间存在直接联系，见图 4-1。

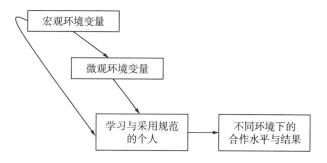

图 4-1　行为理论中集体行为困境下的合作

有些学者渴望用一种理论解释所有环境下的人类行为，但结果让他们非常沮丧。有一种理论——理性选择理论——解释了个人如何在竞争市场环境中获得接近最优的结果，但无法解释个人是否愿意解决社会困境(个体理性会导致集体非理性这样的情境)，这尤其让人沮丧。仅仅假设个人采取社会化行为以寻求更好的群体结果，不能解释群体也受该问题所困且通常无法获得使整体受益的结果这一明显事实。固守一种理论的科学策略是不可取的，因为在一种环境下很好地预测行为的理论在其他许多种情况下并不一定能很好地预测行为。

我们需要承认，被称为理性选择的理论实际上是一种模型，它属于有助于对高度结构化的竞争环境下的人类决策进行正式分析的一类模型，同时也应被视为一种人类行为模型，这种模型适用的情况是：个人面临高度竞争环境，而且除非他们仅仅关注自身利益，否则不能继续进行博弈。正如 Alchian 很久以前证明的，竞争市场消除了不进行利润最大化的参与者。此外，市场将产生最大化利润所需的有限但充分的统计数据。市场的制度结构会回报进行经济理性决策的个人，以及可以被当作决策明确、精于计算的机器建模的个人。传统模型的预测结果得到了竞争市场行为及其他高度结构化竞争环境的大力实证支持。当理性选择模型被成功应用时，它主要依赖于对所涉及环境结构的预测力。换言之，在预测结果时，个人互动环境的具体特征比理性行为模型和假定报酬产生困境的假设更重要。

　　许多研究都质疑了曾非常成功地用于预测高度竞争环境中行为的理性行为模型的有效性，学者们在努力了解这些研究的同时，也在努力修正这一模型，使之既保留简单性，又能解释对个人最大化自身效用的假设的偏离。这些修正提出了人类在直接物质利益之外追求的其他目标，或者承认认知限制与不同的风险态度。许多参与者即使在一次性社会困境中也会和他人合作，这一事实表明，他们的偏好不完全是由他们在实验中得到的货币报酬支配的。因此，在解释这些行为环境的动态变化时，允许存在规范和社会偏好是必要的，但其对于预测合作行为来说并不充分。

　　所有用来解释与传统模型偏离的详细人类行为模型都能在某些非市场环境下很好地预测行为，但无法在全部社会困境下做出准确预测。因此，决定用一个新的个人行为模型取代完全自利行为模型是不明智的。更有效率的方法是，提出广义的人类行为理论特征假设，以解释为何个人在某种环境下会采取不同于其他环境下的特别行为方式。对社会困境中的合作的解释是否有力，既取决于一般人类行为理论，又取决于他们所处宏观环境下的微观环境的具体特征。

4.1.3　行为理论的假设

　　广义人类行为理论将人类视为在已知环境的约束和条件下尽力做好的适应性生物。人类从彼此身上、环境反馈和自身能力中学习规范、经验知识和完整的分析策略，以进行自我反思并想象结构不同的世界。人类能够为了善或恶的目的设计新工具——包换制度，以改变他们所面对的世界结构。有多种模型与人类行为模型一致，包括与重复性高度竞争环境的具体模型相匹配的完全理性模型。

　　基本上，困境中的人类决策行为理论模型基本包括以下三个核心假设：①行为人拥有关于他们与其他人发生互动的环境结构的不完全信息，但随着时间的推移，他们可能会获得更完整、更可靠的信息，尤其是在经常重复且产生可靠反馈的环境中。②行为人具有与获得自身净收益相关的偏好，但在许多情况下这些偏好是与关于影响其决策的适当行为及结果的许多工作顾他性偏好和规范相结合的。③行为人会在做出日常决策时进行各种试探，在某些环境下这种决策可能近似于(自身和其他人的)净利润最大化决策，但在某些环境中是高度合作性决策。

　　如果像我们假设的那样，决策依赖于学习与适应、顾他性偏好与规范及试探行为，那么信任就会在影响集体行为可能性上发挥核心作用。我们将讨论每条基本假设，然后得出信任的核心作用。

1. 学习中的不完全信息

在多数公共池塘资源(common-pool resources)环境中，假设所有人都拥有他们所面临情况的全部结构方面的完全信息并据此做出决策是不现实的。在行为理论中，并没有假设拥有完整而完全的信息是个人决策者的普遍特征，而是假设相关情况的结构因素影响个人所拥有的信息的准确性和完整性。

例如，当预测实验室实验中的行为时，鉴于多数研究人员向所有参与者提供相同的关于情况结构的准确信息而付出的巨大努力，做出完全信息假设是合理的。参与者了解到的信息包括其他参与者的人数、他们能采取和不能采取的行为、不同行为组合的报酬及是否在具有或不具有相同联系的参与者之间重复实验。在非实验环境中，个人很少拥有完整且完全的信息，但他们会学习。学习更可能是在一个相对简单、不断重复而没有重大结构变化的环境中进行的。人们可以假设，个人会随着时间的推移了解更多、更好的准确信息，包括关于其他参与者的信息、可以做或禁止做的个人行为、这些行为与结果的关系，以及个人报酬与共同报酬。在结构复杂的环境中，当选择环境的结构发生不可预期的变化时，学习会变得更加困难。

2. 规范和顾他性偏好

除了学习更可靠的信息，个人还会学习规范。我们所说的规范是指个人对特定环境下的特定类型行为给予内部评价——正面评价或负面评价。Crawford 和 Ostrom(2005)将这种内部评价称为德尔塔参数，这一参数将被加入行为或结果的客观成本或从行为或结果的客观成本中减去。Knack(1992)则将内部负面评价称为"责任"。个人对采取特定类型的未来行为做出的承诺强度反映在他们加于偏好函数的内部正权重或负权重(德尔塔参数)的大小上。

从分析角度可以认为，个人会学习具有相对一般性且适合多种特定环境的行为规范。Cox(2004)及其同事提出，特定环境中的个人受个人初始情绪状态或常规状态的影响，然后受其他人在特定环境下的直接经验的影响。特定环境下的基本规范和直接经验共同影响个人对互惠的态度。表示这些社会偏好的方法有多种。

公平和公正是许多人在应对集体行为环境时使用的规范。某个群体得到的最大净收益可能是通过对相关者公平或不公平的方式获得的——用通常的概念来说，就是"公平的人应被公平对待，不公平的人应被不公平对待"。

Fehr 和 Schmidt(1999)对实验观察结果提出了另一种解释,即与不平等的结果本身不同,对不平等的厌恶与它们是否是某种恶劣意图的结果无关。当参与者在所有策略相关变量上都对称时,唯一真正的公平问题是某些人"搭便车"的能力。然而,当参与者存在差异时,找出多数参与者认为公平的分配方式要困难得多。不过,理论家认为,在多数情况下,当参与者认为分担成本、分享收益的建议公平时,他们更愿意做出贡献。

只是假设个人采用规范,并不足以做出对个人何时会在困境中合作或不合作的预测。正如 de Oliveira 等(2009)学者指出的,"个人可能对'做正确的事'有稳定的偏好,但即使有这种稳定的偏好,'观察到的行为也可能根据环境而改变',因为对'正确的事'的理解会改变"。特定环境的多个方面结合起来,共同提高了遵守规范并重视他人收益的重要性。不了解涉及其他人或知道其他人不合作等因素可能会阻碍个人——有强烈规范或顾他性偏好的人——重视处于这种情况之中的人。

3. 试探法

当理论家使用完全理性模型时,他们假设个人可以获得完全信息——关于人们采取的全部可能行为、可能获得的全部结果,以及人们可能采取的全部策略的信息。传统模型还假设,个人在进行决策时将考虑所有可得信息。实际上,在生活中的许多情况下,都不会产生关于所有可能行为、所有结果和所有策略的完全而且准确的信息。即使个人可以获得信息,他们这样做的成本可能也很高。在多数日常环境下,个人都会使用试探法,也就是通过经验积累逐步了解在特定环境下容易产生好结果(但不一定是最优结果)的反应。经常遇到重复环境的个人会通过试探法得出越来越适合特定环境的经验,随着时间的推移,个人将对他们在特定环境下所采取行为的收益与成本做出大致估计。个人还可能遵守规范性承诺,而不会计较他们在某种环境下做出特定决策所感觉到的羞耻或自豪的确切水平。随着不断重复进行足够多的试探,个人可以学到获得最佳反应策略的试探法,进而达到局部最优。试探法在对迅速变化做出反应方面表现欠佳,尤其是在受到突然冲击和处于高度不可预测的环境中时。

运用从某种环境的过去历史和当前互动情况中学习的个人行为理论,具有(某种程度上的)顾他性并遵守与其行为相关的内部规范的人仍然符合以下假设:个人进行粗略的成本收益计算,以评价在特定环境下应采取何种行为或使用何种试探方法。当所讨论的环境主要是商业环境且以竞争市场为特征时,我们就可以相对可靠地估计出某种行为的预期财务收益与成本。如果所讨论的环境是有风险的跨期环境，那么我们就要对折现率及其他参与者如何估计所涉及的风险进行粗略估计。

4.1.4　信任的核心作用

如果个人能树立起值得信任且会运用正向或负向互惠的声誉，那么在这种情况下，其他人就能学会信任拥有如此声誉的人，并开始合作，以维持对所有人来说更高的收益。信任水平可以作为在不同规范之间进行选择的一种标准。因此，对于成功或不成功的集体行为，不断演化的理论解释的核心是：公共池塘环境或更一般的集体行为环境中参与者之间的信任与所有参与者都将使用互惠规范的可能性增加具有内部联系，见图 4-2。

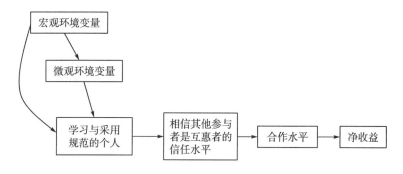

图 4-2　信任对微观环境和宏观环境中的合作的影响

传统集体行为理论没有提到任何信任和互惠的概念，尽管著名经济学家肯尼思·阿罗很久以前就已指出，合作者之间的信任最重要的作用就是可作为最有效的交易管理机制。对结果的预测完全基于报酬函数，因此几乎没有理论关注多种水平上的环境变量如何影响合作。

当有些人在重复环境中开始合作时，其他人有可能学会信任他们，且更愿意采取互惠行为，从而导致更高的合作水平，即使可能不会达到 100%的合作。而且，当更多人采取互惠行为时，获得可信任的声誉是一项好投资，也有内在价值。因此，信任水平和互惠行为是相互巩固的。这也意味着，任何一方面的降低都会产生愈演愈烈的连锁反应，导致合作变得很少甚至消失——除非对不贡献者有合适的惩罚方式才可以逆转这种降低趋势。

4.2　信任：与交易成本是一种替代关系

如前所述，信任作为一个社会复杂性的简化机制或对他人未来行动中"道德风险"不会演变为现实的一种肯定预期，本质上是为降低因交易者的有限理性和机会主义可能带来的昂贵交易成本而受到学者们的关注与重视的。

在最一般的意义上，信任对交易实际上有多方面的影响，最主要的就是对交易成本的影响。在不考虑成本的情况下，信任对交易成本的影响在交易的各个环节都会表现出来。

(1)相对于没有信任的交易者来说，信任可以大大降低交易前的信息成本和谈判签约的成本。就人际信任角度看，如果在交易前我们与某一个交易者存在稳定的信任关系，那么，我们就不需要再通过各种渠道来收集交易者与市场供求及价格等信息，并为此支付相应的各种费用；与此同时，在存在信任时，要达成一个双方可以接受的交易契约，相对来说就是一件比较简单的事情。交易双方无须为达成有关供货时间、商品质量(技术标准)、违约处罚等细节耗费时间，甚至不必为此进行专门谈判。因为这些问题对双方来说似乎都是理所当然的事情。从制度信任的角度看，如果一个社会具备较为健全的法律体系而且这些法律能有效实施，交易者在交易过程中面临的交易风险就会大大降低。当然，如果有法律但这些法律不能得到有效实施，那么，交易者就需要为此确定更详细的契约并监督契约的实施，如果无法达成契约或契约不能得到有效监督、实施，较高的信任风险(成本)必将导致人们选择不信任。

(2)信任还可以大大降低交易契约的实施风险和监督成本，增加交易者对未来的可预期性。从人际信任的角度看，交易双方信任的存在，就意味着未来是确定的。或者说，由于不确定性和机会主义可能产生的交易风险是可控的，这种风险一般随着信任的增加而降低。交易风险的降低实际上也就是交易成本的降低。

借助相关的模型，可以进一步分析关系信任和交易成本之间的关系。就关系信任来说，它实际上是人际互动的增函数。因此，信任度就取决于交易者之间的交易频率。按照这种逻辑，关系信任和交易成本之间的关系就可以用一个简单的图形来进行分析，见图 4-3。

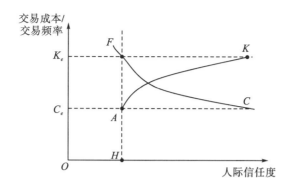

图 4-3　关系信任与交易成本的关系

在图 4-3 中，交易成本曲线 C 向下倾斜反映了信任和交易成本之间的一种反向关系，即交易成本随人际信任度的提高而下降。但是，在各种类型的交易中，由于交易成本的外生性，交易成本永远不可能为零，而只能是趋近于一个较低的常量（外生交易成本），即图 4-3 中的 C_e。从逻辑上说，C_e 水平的交易成本，既可以在长期交往过程中经过多次交易不断积累信任而达到，也可以在短期通过投入额外的交易成本形成。这种与 C_e 相应的人际信任与交易频率的关系，我们可以用曲线 K 来表示。在图 4-3 中，C、K 曲线的左边部分较为陡峭，右边部分较为平缓，实际上反映了在交易初期信任度的快速建立和交易成本快速下降及在此之后缓慢变化的基本情况。在现实经济生活中，无论是个体之间还是在组织之间的交易，都会表现出这种特征，如企业通过合并将"交易内部化"就是如此。这种在短期为快速建立信任而投入的额外费用，类似于新古典经济学中的固定成本概念，一次投入数额较大且只能在以后交易中逐次收回。

为了进一步分析说明信任与交易成本的关系，我们可就存在信任和不存在信任情况下交易成本的变化情况做一简要分析。在缺乏人际信任的情形下，交易者之间的信任度无疑处于较低水平，在图 4-3 中可假定处于 H 点的左侧，相应的交易成本位于 C 曲线上 F 点的左侧。与之相反，如果存在人际信任，信任度一定是在 H 点的右侧，而交易成本则是位于 F 点的右侧。显然，信任对交易成本的影响在图 4-3 中就可非常清楚地观察到——在交易成本曲线 C 上，F 点左右两边交易成本的变化是非常明显的。

从上述分析中我们可发现，以往人们对信任的关注主要集中于信任可降低交易成本从而促进交易及分工这一简单的逻辑，以及提高一个社会的信任度需要耗费的成本支出，在此基础上一个社会最佳的信任度应处于何种水平等问题则几乎只字未提，这不能不说是信任研究中的一个重大缺陷。确实，当构建或提高信任度需要成本支出时，交易者就一定会考虑，是承担交易中可能带来的交易成本，还是为降低交易成本而构建某种信任——这也是有成本的。因此，就单个交易者来说，是否值得投入资源去建立某种信任以便降低交易成本，就取决于二者之间的成本比较。同样的原理，如果要提高整个社会基于制度的信任水平，就必须制定和修改法律，或者对整个制度的实施加强监管，而这些显然都需要费用的支出。因此，从逻辑上来说，这就意味着信任和交易成本之间存在一种明显的替代关系。

4.3　农民合作社内部信任特征

合作社是一种特殊的企业，与一般企业组织相比，具有较强的互助性和管理民主性。合作社内部信任的主要特征如下。

1. 为有效提高信任的程度，合作双方投入存在差异

在具体的合作阶段，信任程度的提升需要合作双方采取一些措施来保持和促进，除了双方进行必要的交流与互动外，信任主体希望客体展示更多的技术、管理等环节的优势，以及提供更多的保障政策等。

2. 信任双方可能产生信任不对称

信任是种心理状态，合作各主体由于自身的性质存在不同，对彼此的判断与预期差距较大，会直接产生信任不对称的问题。

3. 信任具有动态性

信任的本质是心理活动。在合作过程中，不同的主体会结合外部环境的改变及对方的行为表现对自身的期望进行调节，所以，随着合作的不断发展，信任的状态也将不断发生变化。同样地，合作社内的相互信任也不断发生着各种变化，这种改变是以信任水平及维度进行表现的。

1）整体信任水平的动态变化

在尚未合作前，不同主体结合对合作对象的初始印象形成最开始的信任，如个体自愿成为社员，通常是因为对社长或其他社员的认同、对合作社未来前景的信心等。随着时间的推移，在合作过程中，不同主体结合对方的态度、行动力、责任心、处理事物的能力，以及信息掌握情况，以此对合作方进行期望评估，从而建立和形成信任关系。信任能否维持和加深取决于双方之间

的长期交流与磨合。与此同时,双方也会因为某一主体在合作过程中不诚信、不负责的态度而导致信任程度下降乃至合作难以维持。同时,在最开始的信任向着相对稳定的信任发展的过程中,不同主体之间的不同意见和行为方式也会导致信用水平降低,若对其进行妥善处理,信任程度会出现一定程度的回升,反之将导致信任程度逐渐下降,以至于无法继续进行合作。因此,信任程度存在最佳值。

2)信任维度随时间改变而产生不同变化

从关系的角度讲,信任具有复杂性等特征,具有多种维度,而各个维度的信任来自不同的因素。以合作社为例,关系信任来自不同主体在合作活动中的思想、认知等感性方面,需要不同主体通过相互交流、沟通实现。制度信任则形成于运营管理、财务情况等方面。

因此,在不同的阶段,信任的变化特点不仅在整体水平改变上有所体现,还反映在维度的改变方面。但是这并不表示进化为制度信任之后,原有的关系信任就消失了,仅仅靠纯粹的理性基础而缺乏情感基础的信任经常会出现问题,导致一系列的负面结果。因此,随着信任的改变,不同维度的变化体现在其占整体水平比重的改变上。对于合作社而言,在其不断发展的过程中,关系信任在整体中所占的比例会有所降低,但不会完全降为0。所以根据上文对信任维度的分类,在信任刚刚形成的时期,关系信任所占的比例最大,随着时间的推移,制度信任所占的优势明显增加,关系信任的重要程度相对减弱。在成熟时期,关系信任和制度信任同样重要,都是信任系统的重要组成部分。合作社中,不同维度信任的发展状态可以通过图4-4进行表示。

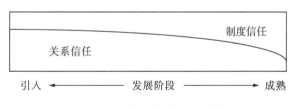

图 4-4　各维度信任变化情况

随着农民合作社的快速发展,越来越多的学者和行业人士逐渐开始深入分析合作社相关内容,尤其是对信任问题方面给予了高度重视。目前很多文献资料主要是针对信任影响因素、信任模式和产生机制这些内容进行研究,而对于内部信任结构的研究还比较少,但实际情况是农民合作社在发展过程中存在的信任问题大多集中在内部信任结构方面。根据这种情况,结合文献资料相关研究内容，本章专门针对农民合作社内部信任结构进行深入分析，包括特征、嬗变机理等方面。

4.4 农民合作社内部信任结构特征及结构诱因

4.4.1 农民合作社内部信任结构特征

建立信任的过程是交际主体逐渐产生信任关系与加深的过程，而形成信任关系的主体与客体之间的构建方法及动态分布，就是信任结构，是信任建立的稳定状态。可以说，只有在信任主体之间的关系逐渐走上成熟，依赖关系更深的情况下才能够建立起信任。从理论的角度讲，按照信任主体数量情况，对信任类型进行划分，主要包括多方、三方及双方，与之相对应的信任在结构方面也划分为三种：多方是信任网，三方是信任圈，而双方是信任链。对于农民合作社来讲，其内部信任主要存在两种结构，即信任圈和信任链，两者相互作用，其结构特征主要包括以下几个方面。

1. 差序格局

从农民合作社内部组成角度讲，信任结构主要与人际信任存在密切联系，表现出链状和圈状的"差序格局"。农民合作社内部信任主要涉及合作社领导者、制度、文化、经营理念及组成社员等。合作社的这些主体的信任中，人与人之间的信任属于关系信任，即社员与领导者、社员与社员等，而社员对合作社的制度、规则等方面的信任属于制度信任。尽管随着改革开放影响逐渐扩大，农民逐渐由以往的情感信任向工具化信任过渡，信任行为主要遵守合乎情理及普遍化的原则，在农村社会逐渐显现信任结构。但从实际的角度讲，农民信任行为保持着"具象化"的特征。由于综合素质方面的影响，农民对于制度、概念、符号等内容态度不是很明确，认同性比较差，大多数情况是对于合作社管理者的信任即代表了其对合作社的信任，相信与合作社管理者的互动和交往能够给他们带来经济利益。从当前农民合作社信任实际情况看，其结构主要表现为关系信任占据主导地位的差序格局。在众多内部信任中，人与人之间的信任，尤其是社员对管理者的信任处于最关键位置，这种情况在绩效优秀的合作社中表现更加突出，而制度信任显得比较弱势。根据信任程度划分，主要涉及以下几种类型的内部信任结构，如紧密联结型、半紧密联结型及松散型。

图 4-5 所显示的为紧密联结型内部信任结构，该类型的关键核心为合作

社领导者，在合作社制度及文化的基础背景下，合作社社员之间，以及合作社社员与合作社领导之间建立紧密网状体系。合作社领导通过对合作社制度、合作社文化等方面进行有效推广，让所有社员都能够了解和明确，并逐渐加强社员和合作社领导之间的交流与配合，以此对制度和文化等方面进行优化与改善，从而建立起一种持续信任的局面。但实际情况却与这种理想状态存在很大差距。

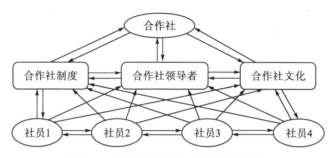

图 4-5　紧密联结型内部信任结构图

图 4-6 所显示的为半紧密联结型内部信任结构，与紧密联结型相同的是，同样将合作社领导者作为内部信任的关键核心，以此在社员、合作社领导之间建立一种半紧密体系。合作社社员与领导者形成比较紧密的交流和联系，社员彼此之间有相对较多的互动，但网状结构并未建立。而且尽管制度信任的建设取得了一些成果，但在方向上属于单向，无法建立循环性体系。所以，农民合作社内部信任结构的半紧密联结型主要保持半圈状及链状共存的局面。

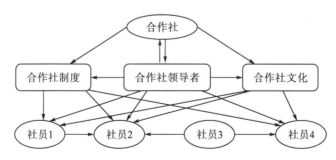

图 4-6　半紧密联结型内部信任结构图

图 4-7 所显示的为松散型内部信任结构，从图 4-7 中可以明显看出，合作社内部信任结构中领导者的关键地位是非常明确的。尽管合作社社员对领导者建立了一些信任，但信任程度仍不够突出，包括范围比较小、分散程度

高等。如图 4-7 所示，不同社员之间建立了信任链，但这种链条并不是连续性的，社员 1 与社员 2，以及社员 3 与社员 4 分别建立，但社员 1 与社员 3 之间却没有建立。而且合作社的制度信任尚未形成，在制度与文化的传播方面还需进一步加强。所以，农民合作社的这种松散型内部信任结构，其信任链条并非圈状，是断裂的链条。目前很多合作社主要表现为这种类型。

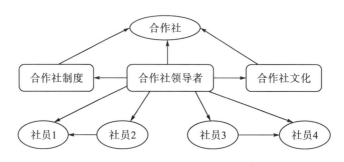

图 4-7　松散型内部信任结构图

2. "横向"场域

从农民合作社内部信任作用机制的角度讲，其内部信任结构主要体现出"横向"场域的特点。农民参与合作社合作发展，表面原因看起来是相似的业缘所促使的，但从本质的角度讲，很多农民直接参与合作社进行联合的主要原因是彼此存在情缘、血缘和地缘关系，这种关系会对农民的信任行为及合作行动等方面产生巨大影响。以当前的实际状况来讲，大部分农民合作社的建立都以地域为基础，参与合作社的成员主要被限制在一个村的范围，在横向方面的联结非常窄。所以，一个地域的文化、风俗、制度、习惯等内容对合作社内部信任起到决定性的作用。在一个特定的地域，由于村民关系及文化、素质等原因，人们逐渐形成了相似的习惯和信任，而这种信任能够促使合作社内部成员形成凝聚力，而其他地域的村民无法融入其中。所以，从作用机制的角度讲，合作社内部信任主要表现为横向的关系，而企业内部信任主要表现为纵向的关系，两种不同信任方向主要与利益、民主及所有权存在密切关系。

农民合作社作为促使成员合作的一个组织，完全遵循个人意愿参与或退出。合作社具有自由性原则。农民合作社的建立完全以民主化的形式，仅对外盈利，利益分配主要根据成员的付出。在这样的环境和背景下，合作社主要表现出"横向"的场域结构。对于企业来讲，其所有权属于股东，并且企业建立了明确的管理机制和层级分明的组织结构，从利益分配的角度讲，资本倾向非常明显，由此企业场域结构呈现出纵向模式。企业与合作社的两种场域结构类型导致了它们在内部信任结构方面的差别,这些内容能够说明人际关系在合作社内部占据着非常关键的位置,而制度规范则在企业内部起决定性作用。

3. 传递弹性与结构不稳定性

信任传递是促使信任提升、优化、更新的一种方式。对于农民合作社来讲,在信任传递过程中,其内部信任结构表现了非常良好的弹性。信任传递往往会受到众多因素的影响,尤其是传递范围、方向及强度等。而能够对其产生影响的条件主要包括经济因素、政治环境、人际关系、地域文化、技术条件及心理距离等。由于农村信任文化、经营状况及发展历史等因素对合作社产生了较大的影响,传递制度信任会存在非常巨大的阻碍。但人际信任却相反,在特殊性的作用下,其传递过程会比较顺畅。农民合作社被地缘所影响的内部信任结构,尤其在村域范围,导致村民产生了比较类似的信任,且彼此之间的信任关系会逐渐加深。随着时间的推移,这种信任被传递,在村域内得到进一步提升。由此合作社内部信任结构表现为圈状的特征。无论是在圈的内部还是外部,信任传递都受到了不小的阻碍。参与合作社的村民由于身份等方面的类似性,信任传递过程中具有比较强的力度,受到的阻碍则偏小,信任逐渐上升到行为习惯,能够在圈内进行开放式的传递。但这并不是说信任可以传递到圈内的每一个角落,而且信任的传递并不是匀质的。因此,合作社内部信任在传递方面表现出弹性的特征。以合作社的个体成员角度考虑,将信任客体当成中心,从内到外进行划分,包括首要及次要两种群体,内部与外部相比信任传递相对顺利,信任程度比较高,相反,外部的阻碍大,信任较低。所以,从合作社的信任传递角度讲,其结构主要表现为网状和圈状的形态,同时圈内涉及很多"信任线",并在结果体系中有一些"盲点"存在。"盲点"正好可以表明信任传递不能到达所有位置,部分成员之间缺乏信任,整体来讲,合作社内部的信任线存在断裂的情况。因此,内部信任结构具有不稳定性。

4.4.2　农民合作社内部信任结构诱因

从合作社建立信任的角度讲,形成过程中的所展示的稳定状态就是信任结构,其产生原因与建立过程存在非常密切的关系。所以,从过程的角度进行深入分析,可以明确了解信任结构的嬗变机理。建立信任主要涉及三个方面,即需求、实施及确认。合作社内部信任结构的建立与发展中的需求、实施及确认是非常关键的影响条件。

1. 信任需求

不同主体存在各异的信任需求，其拥有的复杂性等特征由此导致了内部信任建立。信任主体采取信任行动往往是由自身信任需求所决定的，主要体现为两种情况：一是委托信任客体；二是委托之外存在期望。随着信任需求朝着多元化、复杂化的趋势发展，信任结构的建立也要符合形势变化，变得更多元化和复杂化。当前国内农业发展主要采取的家庭承包经营模式，农业经营规模比较小，发展实力比较弱小，面临技术更新及市场变化等较大的风险，因此需要通过新模式，尤其是加强合作来解决这些问题。但由于受到地域因素的影响，各村的村民在资源和异质性方面存在巨大的差异，表现了不同程度、多样化的信任需求。例如，农民参与合作社的目的，部分是服务需求，部分是生产需求，另外还包括销售、技术等方面的需求，总之农民加入合作社涉及多方面的资源，是为了实现各自的效益目标。而最初确立的合作社带头人，其价值目标往往会影响合作社的功能及相关服务，并结合特殊的地域性质，存在资源方面的独特性，对于社员信任需求的满足往往会有一定的偏差。农民合作社的带头人拥有一些优势，可以通过经营管理给社员创造良好的环境，提供具有优势的相关资源，以此取得社员的信任，并在合作社内部将这种信任进行传递，由此形成比较稳定的结构体系，而且合作社管理者通过设置制度规范，并对其推广与传播，能够促使社员的多样化信任需求得到满足，以此逐渐在合作社内部建立圈状、链状信任结构。但目前市场经济快速发展，导致农民流动性增强，为农民发展创造了良好的空间和环境，但也使农民信任需求变得更加多样化，需求量增长，不确定性因素增多。农民合作社的内部信任结构面临新需求等诸多问题时，管理者能力等方面的不足，直接导致信任危机的产生，同时在合作社内部信任体系建立不够完善的情况下，也无法全面、高效地发挥合作社的功能，因此合作社从圈状、稳定链状转变为非圈状及不稳定链状。

2. 信任实施

合作社各个成员的社会关系是信任实施的主要诱导因素。信任建立过程是通过信任实施完成的，主要涉及两个环节：一是信任目标的选择；二是针对信任目标所赋予的信任程度的高低。信任实施受信任需求的影响很大，可以说在一些情况下信任需求的状况基本上就能够确定信任实施的强度以及信任对象的选择。一个信任体系、一个链条的构建，直接显示了相关的思想、情感及利益等内容。在特定的信任圈中，所选择的目标与组织发展需求及群体成员存在密切的关系。在特定的信任网中，网络结构的差别将导致选择对象的不同，网络结构主要包括蛛网及非蛛网，其中蛛网社会关系直接作用于对象选择过程，而非蛛网则主要是由社会关系的复杂性的需求所影响。因此，信任网、圈及链在选择对象的过程中，最为核心的因素是由社会关系基础所形成的信任关系。从社会的角度讲，农村处于比较弱势的一方，在信任需求方面非常突出，但同时农民又缺乏较高抵御信任风险的能力，容易遭受损失，所以，农民对于信任行为的态度始终比较谨慎。关系越亲密越能提升信任的程度，降低风险，推动合作的进行，在农民合作社的建设中，朋友、亲属、熟人的关系起到的作用非常关键。一个合作社往往是由一个村的村民所组成的，彼此相互熟悉、了解，进行合作时存在的风险相对较低，这种关系的信任传递会比较顺畅。农民合作社的管理者与社员存在地缘、情缘及血缘方面的关系，从而对内部信任结构与传递产生了重要影响。合作社中的社员趋同性越高，就越能促进信任结构朝着横向发展；但同质性不高时，信任实施将受到阻碍，传递范围较小，导致合作社的内部信任结构与企业相类似。

3. 信任确认

合作社内部信任结构受到信任确认的影响。信任建立的最后流程就是信任确认，即明确信任实施所带来的效果，对信任活动进行评估，以及明确信任下一次建立是否可以进行。确认主要包括正负两种，正确认主要是指满足主体需求并为构建信任关系创造条件，而负确认主要是指信任主体产生了信任动摇，不再相信目标，将有可能导致信任危机的出现。信任结构对于信任确认起到了重要影响，同时信任确认也能改变信任结构。农民合作社作为一个比较特殊的组织，其成员自愿参与和退出，具有民主性等特点，直接决定了该组织的信任内部结构更容易受到信任确认的影响。很多农户参与合作社的主要原因是满足自身信任需求及提高经济效益，并希望可以快速得到理想的效果。但实际情况是，每个合作社都存在各自的问题和不足，从而使得社员信任需求得不到满足，这就影响了合作社内部信任结构的稳定性。农民合作社中的紧密联结型结构确认的信任需求程度比较高，逐渐形成和加强了社员对合作社的信任关系，从而出现新需求，以此不断促进和保持内部稳定的信任结构状态。而松散型合作社，并不能有效地确认信任需求，缺乏信任关系的建立，导致合作社内部信任结构不够稳定，从实际的角度讲，很多"空壳"合作社正是这种情况的表现。

4.5　农民合作社内部信任量表设计

由合作社内部信任结构分析结论可知，合作社内部信任结构对外表现为紧密联结型、半紧密联结型及松散型三种，对内表现为关系信任与制度信任两种。考虑到笔者实地调研的合作社内部信任结构大多数为松散型结构，故本书从合作社内部信任结构的内在表现，即关系信任与制度信任入手设计量表。在参考浙江大学、西北农林科技大学的研究成果并对建水县农民合作社预调研的基础上，得到了内部信任量表，下面介绍其基本思路。

4.5.1　农民合作社内部信任评价指标框架

本书主要采用比较常见的研究量表（Pinto et al.，2009；Wong，2008），并尽可能地保障测量工具的信度与效度，并在此基础上综合考虑王敏和高建中（2014）、孙艳华（2014）、李晓锦和刘易勤（2015）等学者的研究结果构建量表。在具体明确量表前，首先要进行相应的预试，其次要对各项题目进行简化，最终形成调查问卷，见图4-8。

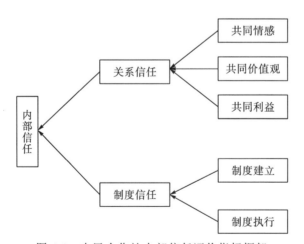

图4-8　农民合作社内部信任评价指标框架

本书所讨论的影响因子中，对关系信任造成影响的因子主要为共同情感、共同价值观和共同利益；制度信任则主要受制度建立和制度执行两因子影响。下面分别对不同的因子进行操作化定义。

4.5.2 研究变量操作化定义

1. 关系信任内部影响因子

(1)共同情感。情感是人们天生就具有的,同时也是在社会中形成的,是大自然赋予人们精神领域的独特能力。情感不仅是单纯的个体心理状况,而且拥有个性化的主观感受和外现方式,可以对其进行阐述。此外,情感是在社会关系的基础上发展的,个体的感受是其在社会活动中形成的,不同情感产生于不同的社会行为,并且受这些行为的后果所影响。所以,对合作社内的共同情感进行分析时,可以从社员与社长联系的紧密性、社员遇到问题向社长请求帮助时后者所做出的应对、不能成为合作社的成员时心理上的难受程度、社员和社长之间维系密切联系所需要付出的感情投入、血缘关系等几个指标进行分析。

(2)共同价值观。共同价值观是特定阶段全体社员普遍承认并拥护的价值观,是所有社员的基本目标和行动准则。社员的价值观是对特定目的的期望并努力实现这一目的的驱动力。社员的个人与合作社整体的价值观,随着时间的推移不断相互作用,互为基础,在发展过程中持续发生融合和变化。在以上论述的基础上,我们从社员认同合作社决策的水平、社员认同合作社发展目标的水平、社员的个人追求和道德规范与合作社的一致性程度等三个方面对共同价值观进行分析。

(3)共同利益。农民出于一定的利益诉求加入合作社,而后者是不同农民实现共同利益的重要媒介。不同社员在合作社中同时拥有两重身份——劳动者和所有者,进而促使不同社员之间的合作更加密切。利益是理性个体一切行为的最终目标和起点,但是国内的很多农民文化程度不高,其理性是有限的,合作社的负责人理性水平也有待提高,在这种情况下,他们的利益诉求会出现一定的错位,可能会对合作社的整体活动造成负面影响。所以,我们可以用社员与负责人拥有相同利益诉求的概率来反映共同利益因子。

2. 制度信任内部影响因子

这里所分析的制度主要表现为产权制度,详细来说可以分为产权制度的构建和落实两个方面。按照我国法律,合作社的资产包括社员出资、公积金、财政补贴和他人捐赠等,相应的产权制度就需要对不同来源的财产及其分配做出具体的界定。

　　社员的出资行为可理解为是一种所有权转移行为，合作社因社员的出资而取得这部分财产的所有权。在引入阶段，这一部分资产是合作社最关键甚至唯一的资产来源。尽管合作社中不同成员之间的相互结合主要表现为劳动形式，但这不代表资金联合没有作用，将社员出资的所有权分配给合作社，可以保证合作社对资产的掌控，进而充分发挥这一部分资产的影响，支持各项活动的正常进行。与此同时，合作社与公司不同，设立了"入社自愿、退社自由"的基本准则，在这种情况下，对待社员出资的处理方法不能完全与对待股东投资相同。在公司管理中，股东不能随意撤资，只能采取股份转让等间接形式收回资金。而合作社实行"退社自由"的基本准则，社员可以自由选择是否撤回自己的投资；合作社的劳动联合属性也决定了它更加关注社员本身，而非其所付出的投资；同时，社员的出资不能随意转让。因此，社员退出时可以收回自己的出资，完成所有权的二次转移，这在很大程度上确保了社员享有"退社自由"的权利，这同时是劳动联合属性的重要表现。

　　盈余属于合作社在发展时所创造的资产。对其进行处理时需要根据特定的顺序进行，一般为弥补亏损、公积金和可支配盈余。其中，公积金作为所有社员的共同资产，是确保合作社长期健康发展的重要基础。对其产权进行界定时，通常将其所有权分配给合作社，即属于所有社员。如果在解决了弥补亏损和公积金之后还有额外的盈余，其所有权应属于全体社员，通常根据不同社员对合作社所做出的贡献进行分配。从以上论述可以得到，可支配盈余的划分和公积金的处理方法是相互补偿的。二者都来源于合作社所创造的财产，而这种多余的财产是通过社员对合作社的贡献形成的。所以，盈余根据成员的贡献进行分配符合公平的准则，能够较好地保障社员利益，并且是一种较为高效的激励制度。公积金的所有权属于合作社，成员不能对其进行中途剥离，这是为了保障所有成员的整体利益。这种分配模式不仅可以有效确保不同成员之间的公平，还能够使合作社自身积累一定的财产，能够较好地适应合作社的发展模式，是一种互惠共利的分配模式。

　　财政补贴和他人捐赠属于一种比较特殊的财产形式，其主要作用是为合作社的经营提供支持，促进合作社规模的扩大。这一部分财产的所有权掌握在合作社手中，目前主要的争论表现在合作社破产或者解散时应如何对其进行处理方面。

　　综合以上论述，合作社对社员出资、公积金、财政补贴和他人捐赠等来源的财产拥有所有权，但是当社员退出时需要退还相应的财产，其中最后两种形式的财产在社员退出时的处理还存在争议。在这种情况下，考虑到实践上的可行性，制度建立可以通过社员监督合作社是否按《中华人民共和国农民专业合作社法》建立合理的盈余分配，年度财务报告公示，"入社自愿、退社自由"，担保限制等制度进行评估。制度执行则通过社员督促已建立的制度真正执行的难易性进行描述。

4.5.3　农民合作社内部信任量表构建

信任是综合分析理性与非理性因素所形成的一种概念，很难单纯地通过金额对其进行比较全面的分析。基于此，本书通过利克特五点量表法对其加以分析，设计这一量表的基本目的在于比较合理地对内部信任情况进行评估，从而为下一步的影响因素和关系分析奠定良好的基础。通过上述分析和讨论，本书设计了 19 个三级评价指标，各个自变量通过利克特五点量表法计算得到对应的数值。数值的高低反映了同意程度的强弱，"5"代表的程度最强，为"非常同意"，"1"代表的程度最弱，为"非常不同意"。具体如表 4-1 所示。

表 4-1　内部信任量表指标设置

分类	具体分类	具体内容
关系信任	共同情感	A_1 与合作社管理者关系密切程度
		A_2 遇到困难向管理者讲时，他乐意倾听的程度
		A_3 不加入合作社感到失落的程度
		A_4 成员间血缘亲近程度
		A_5 与社长建立良好关系所进行感情投资的数量
	共同价值观	A_6 认可合作社动机的程度
		A_7 认可合作社目标的程度
		A_8 社员的习惯和道德标准与合作社所做的事相符合的程度
	共同利益	A_9 与合作社管理者有共同利益基础的可能性
制度信任	制度建立	B_1 督促合作社建立合理、规范盈余分配制度的难易程度
		B_2 督促合作社建立合理、规范年度财务报告公示制度的难易程度
		B_3 督促合作社建立担保限制制度的难易程度
		B_4 督促合作社建立合理、规范出资与责任制度的难易程度
		B_5 督促合作社建立合理、规范的入社、退社及除名制度的难易程度
	制度执行	B_6 督促合作社分红制度得到规范、有效执行的难易程度
		B_7 督促合作社担保限制制度规范、有效执行的难易程度
		B_8 督促合作社合理、规范的出资与责任制度得到规范、有效执行的难易程度
		B_9 督促合作社财务制度得到规范、有效执行的难易程度
		B_{10} 督促合作社的入社、退社制度得到规范、有效执行的难易程度

4.6 农民合作社内部信任量表探索性
因素分析与信度分析

要对内部信任量表中各项指标的信度进行检验，可以通过对探索性因素进行分析实现，进而结合验证结果对不同的指标分别做出剔除或调整处理。此外以验证性分子为基础对不同维度的路径模型进行分析，从而确定各个一级和二级指标所对应的比重，同时还要咨询有关领域的权威专家对不同指标权重的建议，在此基础上对各项因素进行综合评估得到最后的权重。为了对量表的合理性进行检验，本书将选择若干个比较有代表性的合作社为例进行分析和讨论。

4.6.1 数据来源

研究数据来自 2015 年 8 月至 2016 年 10 月对云南省建水、澜沧、禄劝、昌宁四县 25 家农民合作社社员开展的实地调研和访谈活动，一共获得 452 份样本，为了确保数据的完整性，剔除从建水 4 家合作社及昌宁的 2 家合作社所获得的资料，共计得到 367 份可用样本，回收率为 81.2%。样本的年龄构成如下：30 岁及以下年龄段人群所占的比例为 18.4%，31～40 岁年龄段人群所占的比例为 35.1%，41～50 岁年龄段人群所占的比例为 32.5%，51～60 岁年龄段人群所占的比例为 14.0%。样本文化程度的基本情况如下：小学及以下文化人群所占的比例为 28.1%，初中文化人群所占的比例为 50.0%，高中文化人群所占的比例为 21.9%，大学及以上人群所占的比例为 0。分析可以发现样本的年龄和文化程度结构大致接近正态分部，代表性较强，基本可以反映云南省农民合作社内部信任的实际状况。

4.6.2 内部信任量表探索性因素分析

内部信任量表包括 19 个基本测量，通过 SPSS22.0 软件依次对不同维度做 KMO（Kaiser-Meyer-Olkin）检验和 Bartlett's 球形检验。对检验结果进行分析可以发现因为交叉负荷太大并且负荷低于 0.5，具有较大的歧义，不宜采用，所以最后决定采用剩余的 14 个测量指标。

根据上述分析结果，重新应用 SPSS22.0 软件对量表进行检验，结果如

表 4-2 所示。

表 4-2　KMO 检验和 Bartlett's 球形检验

取样足够度的 KMO 度量		0.737
Bartlett's 球形检验	近似卡方	8108.245
	自由度	528.000
	显著性	0.000

观察表 4-2 中数据可以发现 KMO=0.737，超过 0.7，Bartlett's 球形检验值较高($p<0.001$)，这说明问卷所获得的基本信息满足因子分析的基本需要。所以对样本数据进行深入研究，首先通过主成分分析法对因子进行提取，将特征根超过 1 的因子作为公因子，采取方差最大正交旋转的方式进行研究。分析结果见表 4-3。

表 4-3　总方差解释

测量指标	初始特征值			提取载荷平方和			旋转载荷平方和		
	总计	方差百分比	累积百分比	总计	方差百分比	累积百分比	总计	方差百分比	累积百分比
1	12.514%	37.922%	37.922%	12.514%	37.922%	37.922%	4.383%	23.281%	23.281%
2	2.772%	8.401%	46.323%	2.772%	8.401%	46.323%	3.897%	21.808%	45.089%
3	2.005%	6.077%	52.400%	2.005%	6.077%	52.400%	3.363%	10.190%	55.278%
4	1.840%	5.577%	57.978%	1.840%	5.577%	57.978%	2.891%	8.760%	64.039%
5	1.718%	5.207%	63.185%						
9	0.646%	1.957%	76.122%						
10	0.558%	1.691%	77.812%						
11	0.518%	1.570%	79.383%						
12	0.502%	1.522%	80.905%						
13	0.467%	1.414%	82.319%						
14	0.458%	1.388%	83.707%						

注：提取方法为主成分分析法

对表 4-3 进行分析可以发现经过提取可得到 4 个因子，相应的解释能力依次为：23.281%、21.808%、10.190%、8.760%，总解释能力高达 64.039%，超过了 50%，这说明我们所得到的 4 个因子拥有较高的代表性。通过主成分分析法进行提取，利用 Kaiser 标准化最大方差法进行旋转(经过 7 次处理后误差收敛到可接受的程度），获得对应的负荷量系数。通过分析可以得到每个测量项的因素负荷量都超过了 0.5，并且交叉负荷低于 0.4，每个测量项都处于相应的因素中，说明本书所给出的量表拥有良好的结构效度。

4.6.3 内部信任量表信度分析

本研究共有 14 个测量题项，分为 8 个因素，下面分别对其进行信度分析，获得如表 4-4 所示的测量结果。

表 4-4 内部信任量表信度统计结果

因素	题项	CITC	删除该题项的 Cronbach's Alpha 系数	Cronbach's Alpha 系数
共同情感	Ca1	0.638	0.789	
	Ca2	0.681	0.768	0.827
	Ca3	0.655	0.780	
	Ca4	0.636	0.789	
共同价值观和共同利益	Cb1	0.625	0.765	
	Cb2	0.633	0.762	0.811
	Cb3	0.619	0.767	
	Cb4	0.643	0.757	
制度建立	Ba1	0.760	0.760	
	Ba2	0.719	0.802	0.853
	Ba3	0.700	0.821	
制度执行	Bb1	0.718	0.779	
	Bb2	0.707	0.801	0.846
	Bb3	0.738	0.777	

注：CITC (corrected item-total correlation) 表示题项与其他题项总分的相关程度

对表 4-4 进行分析可以发现，对于本书所分析的几个变量，其 Cronbach's Alpha 系数依次为 0.827、0.811、0.853、0.846，都超过了 0.7，这说明变量具有较高的一致性。此外，CITC 的数值都超过 0.5，说明本书所选择的测量项能够较好地满足研究的需要。从"删除该题项的 Cronbach's Alpha 系数"的角度进行分析，删掉任何一个测量项都不会造成 Cronbach's Alpha 系数的提高，这也可以反映变量拥有较高的信度水平。

4.6.4 结果分析

经过检验分析，得到 KMO=0.737，Bartlett's 球形检验的近似卡方值为8108.245，$p<0.001$，这些数据都满足因素分析的基本要求。利用主成分分析法并采用特征值大于 1 的标准可以获得 4 个共同因素。通过 Kaiser 标准化最大方差法将其旋转，得到相应的解释能力依次为：23.281%、21.808%、10.190%、8.760%，总解释能力高达 64.039%，超过了 50%，所以这些测量项都符合要求，不需要额外剔除。在信度分析的过程中，4 个因子的 Cronbach's Alpha 系数均超过 0.7 的规定，CITC 的数值都超过 0.5。从"删除该题项的 Cronbach's Alpha 系数"的角度进行分析，删掉任何一个测量项都不会造成 Cronbach's Alpha 系数的提高，这也可以反映变量拥有较高的信度水平。综合以上结果可以得到结论，本书所给出的量表拥有良好的信度，能够用于对合作社内部信任进行评估。

4.7 农民合作社内部信任计算结果

4.7.1 信任指标权重计算

指标权重是通过不同指标对某一事物进行评估时所具有的不同程度的量化。权重的选择是否合理，对于评估结论的科学性和准确性具有非常关键的影响。本书各指标权重主要是通过对结构模型的不同观测变量所对应的系数及因子载荷等内容进行分析所得，首先把各个指标对应的负荷累加，再用每个因子或指标的负荷除以该值即为因子或指标权重。同时，我们也咨询了相关专家，通过分析可以得出关系与制度两个维度的信任所占的权重依次为 0.622、0.378。类似也可以分析得到每个次级维度下不同指标所对应的权重。具体见表 4-5。

表 4-5 信任指标权重

一级指标	二级指标	三级指标	权重
信任	关系信任	共同情感	0.316
	0.622	共同价值观和共同利益	0.306
	制度信任	制度建立	0.137
	0.378	制度执行	0.241

4.7.2　信任水平计算

为了对内部信任量表在实际中的运用效果进行检验，本书利用通过最后检验获得的量表指标对合作社信任程度进行评价，所采用的数据来自之前所获得的 367 份问卷。前文已经提到过，此次问卷中各项指标的打分分布在 1～5 区间内，当打分为 5 时，社员对合作社的满意程度很高，间接表明其对合作社的信任程度很强；当打分为 1 时，社员对合作社感到非常不满意，信任程度非常弱。为了简化分析过程，可以将信任程度划分为 5 个等级，得分为 1 时，代表信任程度很低；得分处于区间 (1,2] 时，信任程度较低；得分处于区间 (2,3] 时，信任程度一般；得分处于区间 (3,4] 时，信任程度较高；当得分处于区间 (4,5] 时，信任的水平很高，见表 4-6。

表 4-6　信任水平级别

信任水平	级别
$C=1$	很低
$1<C\leqslant2$	较低
$2<C\leqslant3$	一般
$3<C\leqslant4$	较高
$4<C\leqslant5$	很高

计算结果具体见表 4-7。

表 4-7　信任水平计算结果

调查区域	合作社	信任水平	级别
澜沧	宏丰咖啡农民专业合作社	1.43	较低
	广源茶叶农民专业合作社	1.47	较低
	志新肉牛养殖农民专业合作社	2.02	一般
禄劝	枝福烤烟技术服务专业合作社	1.99	较低
	云兴种植专业合作社	1.85	较低
	三村白芨种植专业合作社	2.13	一般
	海昌林业专业合作社	1.81	较低
	联合中草药种植专业合作社	1.72	较低
	新合林下种植专业合作社	1.80	较低

调查区域	合作社	信任水平	级别
昌宁	临福源林畜专业合作社	2.33	一般
	河尾福兴农机专业合作社	2.01	一般
	棚鲜食用菌专业合作社	1.48	较低
	正强嘎薄泡核桃专业合作社	2.86	一般
	绿源中草药种植专业合作社	2.38	一般
	大场诚信茶叶种植专业合作社	2.20	一般
	文银魔芋专业合作社	2.91	一般
	柯街嘉肴蔬菜专业合作社	2.72	一般
	智垚良种猪养殖专业合作社	2.45	一般
	乡富华荣鑫泡核桃专业合作社	2.69	一般

4.7.3　信任水平计算结果分析

经过分析，可以得到综合得分为 2.12。所以，从总体情况而言，云南省合作社成员对合作社的信任程度一般。这一结果和云南地区合作社的实际发展状况基本吻合。通过量表我们可以发现，澜沧县合作社中成员的信任水平综合得分为 1.64，信任程度较低，低于云南省平均情况；禄劝县的综合得分为 1.88，在此次调查活动中处于较低水平；昌宁县的综合得分为 2.40，信任程度一般，处于云南省平均水平以上。这些结果与实际调研得到的结论基本一致。昌宁县很多合作社都应用了"互联网+"的模式，比较关注品牌形象，各个合作社的规模较大，形成了良性发展，有利于提高成员对组织的信任。与之相对，澜沧、禄劝两个地区的合作社大多规模不大、集中性差、经营水平不高，经常面临资金不足的情况，很多合作社都位于产业链的最上游，对于社员所提供的帮助和支持局限在培训、信息共享等低级层面；能提供联合议价、营销等服务类业务的合作社所占的比例很低，农产品销售大多依靠外地客商到本地采购或者直接在本地市场消化，灵活性差。在这种情况下，两个地区的合作社迟迟不能打开局面，成员所享受的支持和帮助有限，对合作社的满意程度不高，进而造成整体信任程度较低。

4.8　本　章　小　结

本章首先利用行为人模型构建了更为一般的人类行为理论的思路，并提出行为理论的假设进而得出信任对合作起核心作用，其次通过分析得出信任与交易成本之间存在逻辑关系。其次分析了农民合作社内部信任的特征。农民合作社在发展过程存在的信任问题大多集中在内部信任结构方面。信任的构成是复杂多样的，根据这种情况，结合文献资料相关研究内容，本章专门针对农民合作社内部信任结构进行深入的分析，包括特征、诱因等方面。接下来，笔者设计了相应的信任水平量表，对其信度进行讨论与研究，同时对前文所提出的关系与制度两种信任维度的科学性和合理性进行新的论证。

为了对本章设计的内部信任量表的效果进行检验，本章通过该量表对云南省的实际案例进行了分析。本章对调研所获得的 367 份有效样本进行研究和分析，从整体情况来看，本次调研的云南地区的合作社信任程度处于中等偏下的状态。其中，澜沧县合作社中成员的信任水平综合得分为 1.64，信任程度较低，低于云南省平均情况；禄劝县的综合得分为 1.88，在此次调查活动中处于较低水平；昌宁县的综合得分为 2.40，信任程度一般，处于云南省平均水平以上。这些结果与实际调研得到的结论基本一致，说明本章所设计的量表较为科学、合理。

第5章　农民合作社内部信任
对绩效的影响分析

5.1　内部信任对农民合作社绩效的影响及影响程度分析

内部信任与农民合作社绩效有着必然的联系，那么这种联系是什么样的联系，内部信任(关系信任、制度信任)对合作社绩效(经济绩效、非经济绩效)的作用比例是多少？带着以上疑问,本章构建了内部信任与绩效的结构方程，以期回答以上问题。

5.1.1　模型变量

1. 信任

前文已对信任的概念和相关理论等内容进行了概述。根据上述内容，本章所研究的内部信任主要从关系及制度两个方面展开相应的分析。关系信任是指社员因人际关系而对其他社员、社长所建立的信任，此种信任对于情感方面的交流比较重视。而制度信任是指社员因对合作社组织的制度、规范的了解而对合作社组织产生的信任，与制度所在的环境等存在密切联系。关系与制度两种信任彼此互相补充，随着组织的发展，会产生不一样的改变。针对两种信任进行分析发现，关系信任表现出比较强的主观性，而制度信任则属于客观的，以程序或规范为基础，关系信任的建立，则为社员的合作交流提供了更多的可能性，促使合作社的内部管理更具弹性。

2. 绩效

通过分析，以及根据《中华人民共和国农民专业合作社法》中所提出的相关内容，建立合作社的主要原因是为参与者提供更多的服务，提升其经济效益，加强社员之间的交流与互动，这与企业成立的目标相类似。与之相对应的是，农民参与合作社同样是为了自身利益问题，只有促使社员的效益得到提升，才能最终实现合作社的效益增长。以此形成良性循环，合作社为社员提供服务和福利，而社员则推动合作社的持续、稳定发展。

5.1.2　研究假设

部分农民采取加入合作社的方式来实现其提高效益的目标，所以，合作社可以说是承担社员共同利益的载体。在合作社这个特殊的组织中，农民社员是利益的拥有者也是创造者，即农民通过劳动实现利益目标，以此加强合作社成员的合作，促使彼此的利益关系更密切。然而，利益是理性人行为的根本目标和出发点，我国农民是有限理性的，同时作为合作社管理者的社长也是有限理性的，这一情况可能会导致二者的利益需求偏离。其中，信任能降低不确定性的影响，是有效解决该问题的关键措施。相比复杂的合同与纵向关系，信任作为含蓄的契约保障合作社运转是相对低成本的，能够替换以往的部分治理措施，有助于绩效提升。因此，信任对于绩效提升能够产生积极的作用。

从农民合作社内部信任结构特征角度讲，人际信任占据非常关键的位置，其中最关键、最核心的信任为社员对管理者的信任，往往其信任程度决定了合作社的绩效高低，一个合作社的绩效好，往往会表现出社员对管理者的高度信任。但随着合作社的发展，合作社逐渐开始转型，现代化因素产生了巨大的影响，尤其是流动性等内容增多，以往关系信任所展现的功能作用开始下降，同时随着更多制度、规范的出台，制度信任逐渐扮演了更重要的角色，对于合作社内部关系的促进，以及绩效的提升发挥了较关键作用。根据以上分析内容，针对信任维度进行合理划分，并提出以下几种研究假设。

H_1：内部信任与合作社整体绩效正相关。

H_{1a}：关系信任与合作社整体绩效正相关。

H_{1b}：制度信任与合作社整体绩效正相关。

H_2：关系信任与合作社绩效正相关。

H_{2a}：关系信任与合作社经济绩效正相关。

H_{2b}：关系信任与合作社非经济绩效正相关。

H_3：制度信任与合作社绩效正相关。

H_{3a}：制度信任与合作社经济绩效正相关。

H_{3b}：制度信任与合作社非经济绩效正相关。

根据上述研究所提出的观点可得出该研究的模型，如图 5-1 所示。

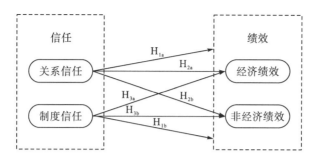

图 5-1　合作社内部信任与绩效关系模型

5.1.3　研究方法

1. 样本描述

除了信任能够对合作社绩效产生影响外，其他环节也存在很多影响因素，如经济、技术、管理等。而且，社员的综合素质、文化程度、信息掌握情况、角色定位也将直接影响信任与绩效的关系。在研究过程中，为了确保不可控制因素不会对研究造成影响，因此主要挑选一些相似项目展开深入研究。本书进行问卷调查主要是从澜沧、禄劝、昌宁、建水这几个地区搜集合作社相关数据，被调查人员主要包括合作社的创始人、管理人员及部分社员。此次问卷调查发放问卷 452 份，回收有效问卷 367 份。

2. 变量及其度量

在第 4 章中，合作社内部信任量表已通过了信度及效度的检测，同时也通过了实证的检测。然而在第 3 章对合作社绩效评价指标体系的构建中，笔者只是运用层次分析法及功效系数法计算合作社绩效，为了再次检验指标体系的合理性，笔者拟利用 SPSS22.0 软件与 AMOS22.0 软件对其进行信度及效度分析，同时也为验证 H_1 和 H_2 做好数据准备。所得分析结果如表 5-1 所示。

表 5-1　合作社绩效量表可靠性系数

变量	题项	均值	标准差	因子载荷量	Cronbach's Alpha 系数	CFA 主要指标
经济绩效	加入合作社后,我的人均年纯收入有所提高	2.200 6	0.986 01	0.81	0.937	χ^2/df =3.085 GFI=0.942 IFI=0.903 CFI=0.966 RMSEA=0.084
	我得到的盈利返还数总体呈上涨趋势	2.418 6	1.156 89	0.75		
	为社员销售农产品的比例较高	2.853 2	0.894 53	0.73		

变量	题项	均值	标准差	因子载荷量	Cronbach's Alpha 系数	CFA 主要指标
非经济绩效	我目前没有退社的想法	1.113 7	0.764 47	0.93		
	加入合作社的人数越来越多	2.841 1	0.753 89	0.84	0.892	
	我们拥有自己产品的品牌	2.782 8	0.698 94	0.74		

注：CFA（confirmatory factor analysis）表示验证性因素分析；GFI（goodness of fit index）表示拟合优度指数；IFI（incremental fit index）表示渐增拟合指数；CFI（comparative fit index）表示比较拟合指数；RMSEA（root mean square error of approximation）表示近似误差均方根

由分析结果可以看出，Cronbach's Alpha 系数值均比标准 0.7 高，说明此次研究变量在信度方面比较不错。通过验证性因子分析法运算的相关指标都符合标准和要求，显示出变量在结构效度方面也非常不错。从社会科学的角度讲，判断因子载荷量是否有效的标准为其绝对值大于 0.4。本书的合作社绩效问卷调查的数据符合该标准，所有的因子载荷量都高于 0.7，这表示各因子都具备非常突出的解释力，拥有的结构效度良好，调查问卷统计数据比较优秀，有助于研究的下一步进行。

5.1.4　假设模型检验

在进行 SEM 分析阶段，主要通过 AMOS22.0 软件展开验证，并进行了首次数据拟合，按照具体的拟合情况，对模型进行相应的删减和扩展，不断改正和完善使其最终取得满意的拟合效果。针对模型的评价主要包括以下几个环节：一是针对模型进行显著性预计路径系数的检验，并对参数展开合理性方面的评价。二是针对模型主要通过拟合指数从整体的角度进行评价，其中涉及的标准包括以下几点。

(1)规范化的卡方值（χ^2 / df）。样本的增多将导致卡方值上涨，为了保障研究的严格性，对卡方值提出相应的标准，即卡方值小于 3。

(2)针对相关拟合指数提出标准要求，即 IFI、GFI、CFI。这些指数为比较普遍的指标，通常情况下，如果指标数值满足大于 0.9 的要求，可以说模型拟合情况比较不错。

(3)RMSEA。通常情况下，针对 RMSEA 的标准是，其值小于 0.05 时，那么就可以得出比较不错的模型拟合结果。但斯蒂格利茨提出了较低的要求，即 RMSEA 小于 0.1，表示拟合较好，也在可以接受的范围内，小于 0.01 时，表示模型拟合情况非常优秀。

在进行模型拟合前，必须展开相应的评测。通过验证与评估，问卷调查所得数据统计满足椭圆分布要求，因此在分析参数时可以采取迭代加权最小二乘法。模型主要分析指标都满足了标准要求，这充分说明数据与模型之间进行拟合后的情况良好。关于制度信任、关系信任与绩效相关数据的拟合情况，如表 5-2 所示。

表 5-2　结构模型拟合效果相关统计值

	项目		标准化估计值（β）	非标准化估计值	标准误 S.E.	C.R. （t-value）	p	是否支持原假设
绩效	←	关系信任	0.285	0.209	0.063	4.839	0.002	是
绩效	←	制度信任	0.119	0.126	0.054	3.602	***	是
经济绩效	←	关系信任	0.187	0.183	0.063	2.632	0.004	是
经济绩效	←	制度信任	0.194	0.187	0.057	2.894	0.015	是
非经济绩效	←	关系信任	0.259	0.261	0.053	2.902	0.009	是
非经济绩效	←	制度信任	0.182	0.220	0.048	4.313	***	是

***表示在 0.001 水平（双侧）显著相关

从表 5-2 可以看出，关系信任因素对合作社绩效拟合所得 β 值是 0.285，$p<0.05$，显示关系信任与合作社绩效呈现正相关，即产生积极的影响，表明假设成立；关系信任与经济绩效拟合所得 β 值为 0.187，$p<0.05$，显示关系信任对经济绩效存在正向的作用，表明假设成立；关系信任与非经济绩效拟合的 β 值为 0.259，$p<0.05$，显示关系信任与非经济绩效存在正向的作用，表明假设成立；同时，制度信任对合作社绩效、经济绩效及非经济绩效的 β 值分别为 0.119、0.194、0.182，并且 p 值均小于 0.05，这显示了制度信任对合作社绩效、经济绩效及非经济绩效都存在正向的作用，原假设成立。

5.1.5　结果讨论与分析

本书通过构建信任与绩效间的关系模型，采用实证研究方法得出以下主要结论。

（1）关于两种信任对合作社整体绩效的影响，关系信任与制度信任相比，作用更突出。从分析数据可以看出，前文中所提出的研究假设都是成立的，并与合作社绩效、经济绩效及非经济绩效都存在正向作用。其中，具体的影响数值是，关系信任为 0.285，制度信任为 0.119，明显存在一定的差距。这从另一个角度验证如今中国的合作社组织还是关系本位组织，信任主要建立在熟人关系网络之上。

(2)从分析结果可以看出，在对合作社经济绩效的影响中，制度信任比关系信任偏高。制度信任及关系信任对经济绩效的假设是成立的，即两种信任都对经济绩效产生了正向的影响。其中，具体的统计值是，制度信任为 0.194，关系信任为 0.187，表明制度信任的影响较高。由此能够表明，合作社的未来发展，不仅需要不断提升自身优势，还需要结合具体的环境和经济等状况进行改进和优化，在当前复杂多变的形势下，合作社要确保制度的创新，才能够拥有更强劲的实力。

(3)在对合作社非经济绩效的影响中，关系信任明显比制度信任高。从数据分析可以看出，研究假设成立，并证明了关系信任、制度信任都能够对非经济绩效产生正向影响。其中，具体的统计值是，关系信任为 0.259，制度信任为 0.182，相差较多，这种情况是合作社社会功能所决定的。农民合作社的领导在社会功能发挥中主要扮演了联结者的角色，促使社员与组织紧密联系。领导的带头作用是非常关键的，同时社员对领导的信任可以加强社员与社员及社员对组织的信任，促使组织更有凝聚力，进而作用于非经济绩效。

5.2　基于 CURVEFIT 模型的农民合作社
内部信任与绩效回归分析

笔者拟采用 CURVEFIT 模型对信任成本与绩效关系进行模型拟合。CURVEFIT 模型不仅可以检验可能存在的线性关联，而且可以检验另外 10 个关联模型。在根据经验存在的成对测量值的排列中，可以利用 CURVEFIT 模型截取测算出直线函数。此外，CURVEFIT 模型针对每个函数都测算出统计参数，如显著性、R^2 等。因此，可以根据统计参数对不同的曲线模型进行比较。此外，通过比较还可以相对简单地判定哪个函数可能比直线模型更好地反映出所调查的两个变量之间的关联。输出结果如表 5-3 所示。

表 5-3　模型总结和参数估计值

方程	模型总结					参数估计值			
	方差	F 值	自由度 1	自由度 2	显著性	常量	b_1	b_2	b_3
线性方程	0.304	1.554	1	365	0.213	2.329	−0.071		
对数方程	0.691	0.541	1	365	0.042	3.242	−0.111		
逆模型	0.600	0.021	1	365	0.885	2.112	0.050		
二次项方程	0.626	4.794	2	364	0.009	0.964	0.922	−0.173	

续表

方程	模型总结					参数估计值			
	方差	F 值	自由度 1	自由度 2	显著性	常量	b_1	b_2	b_3
立方型方程	0.432	4.039	3	363	0.008	2.569	-1.042	0.579	-0.091
复合方程	0.304	1.537	1	365	0.216	3.234	0.969		
幂函数	0.759	0.512	1	365	0.014	3.145	-0.049		
S 型函数	0.500	0.008	1	365	0.931	0.709	0.014		
增长函数	0.204	1.537	1	365	0.475	0.804	-0.032		
指数分布函数	0.004	1.537	1	365	0.016	2.234	-0.032		
逻辑斯蒂函数	0.004	1.537	1	365	0.016	0.448	1.032		

注：自变量是内部信任，因变量是合作社绩效

5.2.1　回归方程的确定

根据输出的参数，选择回归方程的前提条件首先是变量选择要适合回归方程的应用目的。对于模型适用性的重要提示是 x 值函数与最大值和最小值范围拟合。如果这些数值指向的方向和数据不相同，则表明函数没有较好地与数据拟合，不适合进行预测。如果测定的曲线完全没有反映出根据经验存在的或者预期的分布，则即使是最好的参数也是毫无意义的。在满足以上前提条件后，还要满足显著性和相对简单性两个标准。

显著性通常是首先观察使 F 检验达到显著性的曲线函数，其次从显著性模型中只观察 R^2 值最高的曲线函数。回归方程的相对简单性是另一个标准。例如，更好的模型参数（如 R^2）经常要面对更复杂的回归方程，但是其复杂性无法总是由较小的模型拟合度数值的改善而抵消。例如，如果一个线性回归模型和一个三次回归模型的 R^2 只有 0.001 的差别，但是对此的代价是在二次函数的方程中增加了两个变量，那么在这种情况下，可能优先选择更简单的方程，也就是线性回归方程。这样做的优点，不仅是可以继续利用线性相关模型或者线性回归模型进行计算而没有实质性的信息丢失，而且利用线性模型对计算结果或者模型进行解释，比利用二次模型进行解释更加简单。

从表 5-3 可以得知，11 个标准函数中线性方程、逆模型、S 型函数、复合方程、增长函数不满足显著性标准，予以删除。以 R^2 为标准进行选择，应选幂函数 $Y = 3.1458 \times X^{-0.049} \ (1 \leq X \leq 5)$。

5.2.2 回归方程的用途

回归分析的功能有两个：一为解释；二为预测。解释的功能主要在于说明两变量间的关联强度及关联方向；预测的功能则是应用回归方程（模型），利用已知的自变量来预测未知的因变量。由上文得出的对数函数可推出信任与绩效的关联强度尚可，达到了基本要求。同时，我们通过此模型能对未来合作社的绩效进行预测。当然，我们也可以对回归模型进行逆运算，于是我们既能分析基期绩效现有信任水平又能分析预测绩效应有的信任水平。

5.3 基于信任的农民合作社绩效评估模型

Baker 等（1994）建立了基于最优激励契约的主客观绩效评估标准。他们按照员工对组织的贡献是否因可被观测而被写进契约为标准，把契约分为显性契约和隐性契约。客观绩效评价主要针对显性契约，反之主观绩效评价主要针对隐性契约。Baker 等（1994）认为，隐性契约提供的激励能否实现主要在于员工是否相信公司会兑现隐性承诺，支付奖金。如果员工相信公司不会违背隐性契约，员工将会实施隐性行为；否则，员工没有激励去实施隐性行为，但 Baker 等（1994）的模型中并没有引入信任的概念。

由前文分析可知，农民合作社本质上属于企业，与 Baker 等（1994）的研究对象相符。故本节尝试在 Baker 等（1994）的研究基础上，对其完全契约模型和显性契约模型进行拓展，导入以信任为基础的隐性契约模型。在此基础上进一步探讨分离信任和机会主义成本情况下的绩效评估模型，最后给出相应结论。

5.3.1 基准模型

为了更好地描述完全契约与绩效评估之间的关系，首先要做的就是分析合作社与社员重复博弈的情况，设定社员任意选择的不可被观测行动为 a，社员的贡献程度为 Y。为了进一步降低模型的复杂程度，设定 Y 的取值为 0 或 1，这样社员行动的概率就可以通过下式进行计算。

$$Y = 1 : P\{Y = 1|a\} = a, a \in [0,1] \tag{5-1}$$

设定 Y 只能通过主观评估的方式得到，a 可以通过客观绩效（O）来进行评估，O 的取值同样也为 0 或 1。社员在选择行动的前期会综合考虑各方面的信息，这些信息可设定为 μ（$\mu > 0$）。μ 对 Y 和 O 的影响是具有差异性的。如果 O 取值为 0，那么对应的概率可用 μ_a 来表示。如果事件 $O=1$ 与事件 $Y=1$ 相互独立的话，那么 $E(\mu)=1$。

契约的报酬由两个部分组成：一部分是基本收入 s；另一部分是显性契约奖励 β（$O=1$）或隐性契约奖励 λ（$Y=1$）。假定 k 为机会成本率，那么社员行动的成本为 $c(\alpha)$，剩余的部分即为收益。

假定 $c(\alpha) = k\alpha^2$，那么当边际产出等于边际成本时，社员行动处于最优状态，于是就可以得到 $1 = C'(a^*)$，则 $a^* = \dfrac{1}{2}k$。假若社员对合作社的信誉充满信任，那么他所采取的下一步行动是

$$\max_a (s + a\lambda + \mu_a\beta - ka^2) \tag{5-2}$$

这样，就可以得到社员的最优行动：$a^*(\mu, \lambda\beta) = \dfrac{\lambda + \mu\beta}{2k}$ \qquad (5-3)

唯有社员期望收益高于机会成本 W，才能达成契约：

$$E_\mu\{s + a^*(\mu, \lambda, \beta) + \mu a^*(\mu, \lambda, \beta)\beta - ka^*(\mu, \lambda, \beta)^2\} \geqslant W \tag{5-4}$$

对于合作社而言，其期望利润值可用下式表示：

$$E_\mu\{a^*(\mu, \lambda, \beta) - [s + a^*(\mu, \lambda, \beta)\lambda + \mu a^*(\mu, \lambda, \beta)\beta]\} \tag{5-5}$$

很明显，期望利润会受到 λ 和 β 的影响，因此可将期望利润表示为 $\pi(\lambda, \beta)$，如果 s 满足式（5-4）的相关条件，那么 $\pi(\lambda, \beta)$ 可表示为

$$\pi(\lambda, \beta) = \frac{\lambda + \beta E(\mu)}{2k} - \frac{\lambda^2 + 2\lambda\beta + \beta^2 E(\mu^2)}{4k} - W \tag{5-6}$$

5.3.2　基于信任的绩效评估模型

想要明确信任与隐性契约的关系，必须要将显性契约的影响摒除开来，只对隐性契约进行考虑。在这种状态下，社员最优决策可表示为

$$a^*(\lambda) = \frac{\lambda}{2k} \tag{5-7}$$

于是，就可以得到合作社所期望的最大利润表达式：

$$\max_\lambda E_\mu \left\{ a^*(\lambda) - ka^*(\lambda)^2 - W \right\} \tag{5-8}$$

这样，当合作社之间信任程度较高时，期望利润为

$$\pi_1(\lambda) = a^*(\lambda) - ka^*(\lambda)^2 - W = \frac{\lambda}{2k} - \frac{\lambda^2}{4k} - W \tag{5-9}$$

对式 (5-9) 做一阶求导处理，于是就可以知道，当 $\lambda = 1$，期望利润将达到最大。这也就是说，当合作社所支出的隐性契约奖励最多时，所获得的期望利润值将达到最大。这就充分说明了合作社与社员之间彼此信任时，所获得的期望利润值将达到最大。

假若社员产出达到了 $Y=1$ 这一条件时，合作社应当兑现隐性契约奖励 λ。通过对机会成本率 k 进行分析，可以得到社员最优行动选择。

如果社员很早就确定了行动策略，而合作社却未能给予成员隐性契约奖励，于是在经过多期博弈后，第一阶段收益可用 $1-s$ 来表示，之后的收益都为 0；反之，从当期至博弈结束合作社期望收益用 $1-s-\lambda$ 表示。

为了确保合作社能够实现 λ，决定性因素为合作社下个阶段的期望利润现值要比兑现隐性契约奖励金额高：

$$\frac{\lambda}{2k} - \frac{\lambda^2}{4k} - W \geqslant (1+r)\lambda \tag{5-10}$$

其中，r 表示贴现率。

当保留工资恒定不变时，期望利润与贴现率呈反比例关系，同时与 λ 呈曲线关系。随着 r 的不断增大，利润曲线逐渐趋于平缓；随着 r 不断减小，利润曲线逐渐趋于陡峭。当 r 达到一定数值时，隐性契约将不会执行。期望利润可用下式来表示：

$$\pi_1^*(\beta) = \frac{1}{4k} - W \tag{5-11}$$

从上式可以看到，机会成本与期望利润呈反比例关系。这也就意味着，机会成本率与期望利润也呈反比例关系。当机会成本及机会成本率恒定不变时，随着 r 的不断增加，合作社将越来越不可能兑现隐性契约奖励。

5.3.3　分离信任与机会主义成本下的绩效评估模型

前文主要是在信任与机会主义成本的基础上所展开的研究，实际上从交易成本的角度看，它并未考虑在获取相关利益的过程中所支出的成本。

设定采取信任行为所支出的成本为 C_t，采取机会主义行为所支出的成本为 C_o，令 $C(a_t) = \eta a_t^2$，$C(a_o) = \xi a_o^2$，那么就可以认定 $C_t < C_o$。在这其中存在一个关键性的问题，那就是社员坚信合作社能够给予其较具吸引力的奖励。假若支付奖励超过了 $C_o - C_t$，这就意味着社员将放弃机会主义行为；反之，社员将采取机会主义行为，因为这能获取更多的收益。从这个分析过程可以看到，假若式（5-12）能够成立，那么机会主义行为将不会出现，此时社员将会实施隐性契约行动：

$$\frac{\pi_1(1-p^t)}{1-p} - \eta a_t^2 > \frac{\pi_2(1-p^t)}{1-p} - \xi a_0^2 \tag{5-12}$$

其中，p 表示合作社对缔约后机会主义行为的主观评估；t 表示缔约时间。假定 $p=1$，那么信任行为就能得到充分保证。另外，当合作社具有较好的发展前景时，社员也会信任合作社。

当 $p<1$，因为 $t \to \infty$，这样就可以得到 $p^t \to \infty$，于是就可以将式（5-12）简化为

$$\frac{\pi_1}{1-p} - \eta a_t^2 > \frac{\pi_4}{1-p} - \xi a_0^2 \tag{5-13}$$

根据式（5-8）、式（5-9）、$a_t = \dfrac{\lambda}{2\eta}$ 和 $a_0 = \dfrac{\mu\beta}{2\xi}$ 可以得到

$$\frac{\dfrac{\lambda}{2\eta} - \dfrac{\lambda^2}{4\eta} - W}{1-p} - \eta\left(\frac{\lambda}{2\eta}\right) > \frac{\dfrac{\beta}{2\xi} - \dfrac{E(\mu^2)}{4\xi} - W}{1-p} - \xi\left(\frac{\mu\beta}{2\xi}\right)^2 \tag{5-14}$$

定义 δ 为拉格朗日乘数，求一阶导数得到：

$$\frac{1}{\eta} - \frac{\lambda_2^*}{\eta} - \frac{(1-p)\lambda_2^*}{\eta} = 0 \tag{5-15}$$

$$\frac{1}{(1-p)}\frac{1}{4\xi} - \frac{2\mu^2\beta_2^*}{4\xi} = 0 \tag{5-16}$$

对上述进行整理得出把信任及机会主义成本进行分离基础上的最佳隐性契约奖励和显性契约奖励分别为

$$\lambda_2^* = \frac{1}{2-p} \tag{5-17}$$

$$\beta_2^* = \frac{1}{2\mu^2(1-p)} \tag{5-18}$$

这就充分说明了，当引入信任条件时，如若信任与机会主义成本相互隔离开来，那么社员能够获得的最优隐性契约奖励是由 p 所决定的。随着信任的不断增加，隐性契约奖励也会逐渐增大。另外，最优显性契约奖励是由 μ 和 p 共同决定的。p 越大，显性契约奖励也越大，当 $p=0$ 时，显性契约奖励最小为 $\beta_2^* = \frac{1}{2\mu^2}$。这是因为，在这一过程中实施机会主义行为是不需要耗费成本的，那么社员就偏爱实施机会主义行为。

5.3.4　结论与评述

在探讨考虑信任的农民合作社绩效评估模型时，主要涉及三个步骤：一是通过基准模型针对契约与社员奖励、合作社绩效的关系进行分析；二是利用假设针对显性与隐性两种契约的相关问题展开研究；三是针对信任与机会主义成本相分离提出假设，以此深入分析隐性契约、信任和绩效评估等内容。本节研究了绩效评价理论，主要结论可以概括为以下内容。

(1)要使社员相信合作社会采取信任行为，合作社必须对隐性契约进行激励。在信任的基础上，合作社的期望利润与贴现率之间呈现反比例关系，即贴现率的高低决定了期望利润的多少，贴现率较低时，期望利润较多，贴现率较高时，期望利润较少。并且，贴现率还影响了合作社的利润曲线，即贴现率较低时，利润曲线较陡峭，贴现率较高时，利润曲线较平缓。如果贴现率超过一定限度，隐性契约将不会执行。机会主义成本与合作社期望利润呈反比例关系，机会主义成本越低，期望利润越高，反之期望利润越低。

(2)从分离信任及机会主义成本的角度讲，隐性契约取决于事后采取信任行为的概率：合作社将采取激励隐性契约的策略，那么执行隐性契约的概率将增加，同时激励性奖励也将提高。先验概率和私人信息对最优显性契约奖励起到了决定性的作用，呈现出正相关的关系，即先验概率越低，显性契约奖励越小，反之显性契约奖励越大。

5.4　内部信任与合作交互对农民合作社绩效的影响

除了合作社不能很好地发挥其功能外，困扰合作社发展的另一个显著问题就是合作社本身陷入了合作困境。在对建水等地合作社的调研中了解到，合作社内部合作问题非常突出，其合作效果欠佳。学术界针对农民合作的意义和作用进行了非常全面的论述，指出随着市场竞争环境的逐渐加剧，农民只有加强合作才能获得更多的发展机会；但从实际的角度讲，农民之间的合作并未有效开展，即便了解合作的好处，在确定性不大的情况下，农民仍然坚持和采取不合作的态度。接下来笔者将在分析合作对绩效影响效应的基础上，加入信任这一调节变量，考察内部信任对合作的调节效应，分析内部信任与合作交互对农民合作社绩效的共同影响。

5.4.1　合作对农民合作社绩效影响和作用比例分析

1. 研究假设

从交易成本理论角度来进行分析的话，合作可以使合作社组织降低其交易成本或费用，进而提高绩效。合作的基本特征在于目标的一致性，组织内成员为了帮助所有成员实现超预期的目标而乐于配合各自的活动。双方在进行合作时，合作双方的互惠情感得以培养，人与人之间的人际关系和组织内部的制度关系也可在合作过程中得以建立。此过程中因合作与互惠行为是相互巩固的，进而会避免机会主义的出现，从而会保持交易过程的稳定性，以此可减少双方的交易成本。因此，我们可理解为，合作可使合作社相关利益群体充分分享信息、知识和资源，进而提升组织的管理技能和企业效率，最终实现收益或效益。通过以上内容，提出研究假设：合作与绩效正相关。

2. 假设验证

本书主要采用比较常见的与合作相关的研究量表(Eriksson et al., 2007)，尽可能地保障测量工具的信度与效度，具体见表 5-4。

表 5-4　合作量表可靠性系数

变量	题项	均值	标准差	因子载荷量	Cronbach's Alpha 系数	CFA 主要指标
合作	我不会为了一己之利而侵害大家的利益	3.988 2	0.964 33	0.91		$x^2/df=1.863$
	我乐于和大家共同处理经营过程中发生的问题	3.735 4	1.689 53	0.93		GFI=0.981
	我会为了大家共同的目标付出自己的努力	3.610 7	0.895 61	0.91	0.937	IFI=0.963
	如果可以帮助合作社的话，我会向其提供我私有的财产	2.825 5	0.864 38	0.66		CFI=0.915
	市场变化情况下，如有必要，我会灵活处理产品调价的问题	3.024 8	1.078 94	0.72		RMSEA=0.037

Cronbach's Alpha 系数 0.937，已经高于标准值 0.7，说明在研究过程中变量的信度较佳。验证性因子研究分析得出的不同指标都已经符合具体标准，说明各个变量的结构效度较佳。因子载荷量在社会科学当中的绝对值只要超过 0.4 即为有效。此次问卷调查中，不同的观测变量具有的因子载荷量都超过了 0.6，表明不同因子对应的潜变量的解释力都很强，结构效度较佳，可行性较高，可展开后续实证研究。

3. 假设验证结果

本次研究应用 AMOS22.0 软件对 SEM 进行验证。在首次数据拟合完成后，按照模型拟合的具体情况，经过增加或删除相关题项来达到对模型修正的效果，直到最终模型拟合达到良好的效果。具体见表 5-5。

表 5-5　合作与绩效整体结构模型拟合效果相关统计值

变量关系	S.E.	C.R.	标准化路径系数	p	是否支持原假设
合作与绩效	0.038	4.684	0.241	0.028	支持

注：S.E.表示估计标准误差；C.R.表示回归系数；p 表示显著性

从表 5-5 可知，标准化路径系数为 0.241，p 值为 0.028，都小于 0.5，通过检验。结果表明，绩效受到合作正向影响显著，合作对绩效的作用程度为 0.241。

5.4.2　内部信任对合作社社员合作行为的调节效应

在一个合作社网络中，社员之间的要素从"奉献出来"到合作过程不是要素市场重购的简单重复。社员之间的合作，要素之间的合作不是市场形式的，也不是科层组织形式的，而是带有中间组织形式的合作，因此信任机制是不可缺少的。尽管合作社社员或多或少存在利益上的冲突，但更多的是存在合作的一面，当合作社网络租金[合作社网络租金就是合作社所有社员所创造的总利润在抵消他们单干利润总和后的剩余价值。它也表现为交易成本的节约与交易收益的增加两个部分（胡平波，2014）]为正时，而且社员之间存在一定的信任基础时，社员首先会选择合作。但这种合作主要目标一方面是为了共同的租金收益，另一方面还为了合作社网络租金分配使得各方利益都得到改进。因此租金存在的条件构成了合作社存在的一个广泛区域。合作社员之间的利益冲突，也是在合作框架下的利益分配的冲突：即只要租金存在，合作双方出于各自机会成本的考虑，博弈的结果不会突破合作框架，否则，合作社将解体，而租金也就不可能存在。但是，社员之间的合作并不意味着相关各方为了其他社员的利益而牺牲自身利益，每一次合作协调行动都只是为了增进自身利益的需要。而这些正是合作博弈所赖以成立的基本条件。为了模型分析的方便，本章做以下假设。

(1)假定合作社只有两个社员参与合作，一位是精英社员，另一位是普通社员，他们拥有的生产要素分别是 x_1，x_2。其中，x_1 属于合作社经营过程中的稀缺要素，包括精英社员的各种知识与企业家才能，x_2 属于合作社经营过程中的普通要素，市场上同类型的要素非常普遍。另外，x_1 的市场相对价格为 p_1，x_2 的市场相对价格为 p_2。

(2)假设他们之间的相互信任程度为 $r(0 \leqslant r \leqslant 1)$，如果 r 越大，则他们之间的信任程度越高，反之越小。当 $r=0$ 时，表示两个社员之间不存在信任关系，他们之间的合作只能由市场关系支配，或者行政权力支配；当 $r=1$ 时，表示两个社员之间存在完全的信任关系，他们之间的合作可以完全由信任关系支配。同时假设两个社员在合作过程中，他们相互信任是对称的，即社员1对社员2的信任程度是多少，则社员2对社员1的信任程度也是多少。

(3)合作社所创造的合作社租金为 π，并且由生产要素 x_1 和 x_2，以及他们之间的相互关系 δ 决定的，因此有函数 $\pi = \pi(x_1, x_2, \delta)$。

(4)精英社员占有合作社租金的份额为 θ，则普通社员获得的租金份额为 $1-\theta$。θ 是通过合作社内部两位社员之间的谈判解决的。因此，参与合作社员的收益由两部分构成，即市场价格所决定的要素收入，以及分享到的合作社租金收入。

(5)某一生产要素的合作重组成本 c 与该要素的稀有程度有关，同时与要素拥有者之间的信任程度有关。因此，可以构造函数 $c = c(m, r)$，其中 m 表示该要素的稀有程度，r 表示两个重组合作社社员之间的信任程度。一般来说，如果该要素的稀有程度越高，即 m 值越小，则合作重组成本 c 越大，反之越小；如果要素拥有者之间的信任程度越低，即 r 值越小，则合作重组成本 c 越大，并且当 r 趋向于无穷小时，它的经济含义是当两个社员之间没有任何信任关系时，他们不可能进行合作，或者说合作成本是无穷大。反之，如果要素拥有者之间的信任程度越高，即 r 值越大，则合作重组成本 c 越小，并且当 r 趋向于 1 时，则 c 趋向于 $c_{\min}$。因此，精英社员在参与合作社经营时的总收益为：$\pi_{11} = p_1 x_1 + \theta\pi$；普通社员在参与合作社经营时的总收益为：$\pi_{12} = p_2 x_2 + (1-\theta)\pi$。

如果一方选择不合作时，另一方则只能从市场上重新获得可以信任的该生产要素，此时，合作社社员可以直接从市场上获得其他社员的生产要素，并在信任的基础上进行合作，重新创造网络租金，假设在这一生产期间所进入合作社的社员并不具有讨价还价能力，因此合作社租金分配量为 0。但必须考虑相对合作重组成本 $c_i(i=1,2)$，即合作社社员不与另外一位社员 i 合作转而从市场上获得同质的 1 个单位生产要素时所需要付出的成本，显然，社员 i 要素可替代性越高，社员之间的信任程度越高，相对合作重组成本越低。由于两个社员之间的信任程度是相互的，因此信任程度 r 是一致的，因此可以设 $c_1 = c(m_1, r)$，$c_2 = c(m_2, r)$，其中，m_1 与 m_2 分别表示各要素的稀有程度。此时，精英社员的总收益为：$\pi_{21} = p_1 x_1 + \pi - c_2 x_2$。

普通社员的总收益为：$\pi_{22} = p_2 x_2 + \pi - c_1 x_1$。其中，$c_1$ 为对合作社普通社员来说精英社员生产要素的相对合作重组成本，c_2 为对合作社精英社员来说普通社员生产要素的相对合作重组成本。

显然，合作社精英社员选择与普通社员合作的基本条件是 π_{11} 大于或等于 π_{21}，否则精英社员将从农村要素市场上重组合作所需要的生产要素形成新的合作社，因此精英社员所能够得到的合作社租金份额的上界是 θ 小于或等于 $c_2 x_2 / \pi$。同理，合作社普通社员选择与精英社员合作的基本条件是 π_{12} 大于或等于 π_{22}，因此普通社员所能够得到的合作社租金份额的下界是 θ 大于或等于 $1 - c_1 x_1 / \pi$。结合两方面的分析条件，可得到精英社员与普通社员者选择合作的条件是：$c_1 x_1 + c_2 x_2 = \pi$。

以上的分析有一个前提假设，即两个社员在合作过程中的相互信任是一样的，但是，两个社员在一开始合作时，他们之间的相互信任程度是不对称的，而且信任程度都不高。这样导致的结果是要素的相对合作重组成本也有很大成本。比如说，如果两个社员之间的信任程度很低，那么在要素稀缺程度不改变合作重组成本的情况下，精英社员拥有更少稀缺要素，通常情况下会主动采取行动来提高对对方的信任，这实际上是自身要素的相对合作重组成本，暂时降低租金分享的份额，以博取对方的信任，同时对方也降低了自身要素的相对合作重组成本，然后形成对称的信任机制，从而逐渐恢复到由要素稀缺程度决定的租金分配份额的机制。因此，在合作双方，或者多方的情况下，信任机制的建立一般是要素更加稀缺的一方主动采取更加积极的合作态度，在暂时降低租金享受份额的基础上以取得对方的信任，从而走向对称信任机制下的租金分配机制。

5.4.3　内部信任与合作对绩效的共同影响

前文仅讨论了合作对绩效有着正向影响，且作用程度为 0.241，同时内部信任对合作社社员合作行为有一定的调节效应，然而这并不能说明内部信任与合作就一定会对绩效产生共同的正向影响。关于合作、内部信任与绩效的关系存在以下几种情况，见表 5-6。

表 5-6　合作、内部信任与绩效的关系

项目	情境	结果
1	合作内部不信任	短期绩效(高或低水平)
2	内部信任不合作	和平共处，无绩效
3	内部信任与合作共存	长期绩效(高水平)
4	内部不信任不合作	多种行为模式(和平共处或对抗)

第一种情况是合作内部不信任。社员可能会由于合同、法律、法规等制度约束或高利润的引诱与合作社进行交易，这种情境下会产生绩效。然而没有信任的合作不具备合作的基础，即使勉强为之，效果也不理想。因为这种情况下的绩效会是一种短期绩效，且绩效水平不稳定。

第二种情况是内部信任不合作。在中国农村的文化背景下，社员对社长的信任在很大程度上会影响其对合作社组织的信任，即初始的关系信任是推动大多数农户加入合作社的主要前因要素。农户加入合作社时往往并不清楚合作社的理念，加入后很少甚至从没与合作社合作过，这种情况下合作社主体之间是和平共处的，然而却是没有绩效的。

第三种情况是内部信任与合作共存，我们将其称为有效合作。在农民合作社发展过程中信任具有十分重要的作用，信任是合作经济行为发生的必要条件，也可以改善合作社内部合作条件，同时合作者之间的信任程度也会影响合作效果。而良好的合作更容易使双方建立信任关系，而信任关系可以促进绩效改善。

有效合作情境下的合作社绩效会是一种长期绩效而且是高水平的绩效。

第四种情况是内部不信任不合作。获取经济利益是农户加入合作社的根本动机，有些农户当初加入合作社是出于政府强令等被动原因，故对合作社缺乏信任而不愿意合作。当然可能还有些农户当初是出于初始的关系信任等主动原因加入合作社，然而内部信任具有动态性和不稳定性，可能也会导致对社长或合作社的不信任而不愿意合作。这种情况的结果会产生多种行为模式，可能是和平共处也可能是对抗。

5.5 内部信任与治理模式交互对农民合作社绩效的影响

5.5.1 农民合作社治理模式划分

合作社治理是有关社员大会、理事会、监事会和经理人员之间的一种权力分配与制衡关系的制度安排。这些安排决定了合作社由谁来实施控制、如何控制、风险和收益如何分配等有关合作社生存和发展的一系列重大问题，其实质是剩余索取权和控制权的配置。根据掌握合作社控制权的社员类型可把合作社治理模式分为以下几种。

1. 能人主导型农民合作社治理模式

我国目前存在大量规模较小的农民合作经济组织(社员规模一般在 100 人以下)，这类组织基本上是由农村能人、种植大户、养殖大户、技术人员牵头成立或者是由有共同理想的农民自发成立的，由于缺乏有企业治理经验的专业人员管理，合作组织治理结构不健全，治理模式也非常简单，是单纯的能人主导型治理模式结构如图 5-2 所示。

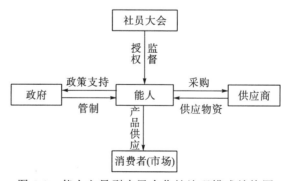

图 5-2 能人主导型农民合作社治理模式结构图

2. 政府主导型农民合作社治理模式

该类型合作社主要由村委会、供销社、农技部门等政府组织或准政府组织牵头成立的。合作社管理者一般由村干部担任或是相关政府部门委派。合作社委托人和代理人有着经济利益和政治利益双重纽带关系，对于合作社代理人来说，合作社经营的好坏不仅关系到合作社及社员的经济利益，而且还将通过社员的利益表达影响到自己的政治利益(如村干部的连任等)。政府主导型农民合作社治理模式结构如图 5-3 所示。

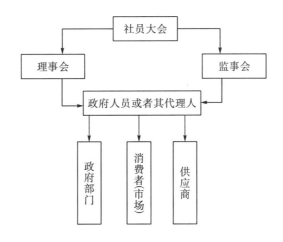

图 5-3　政府主导型农民合作社治理模式结构图

3. 企业主导型农民合作社治理模式

这种合作社的创办主体大多数是农业企业，它们会同农户签订协议，从而保持合作社和社员之间的购销平衡关系。此种模式的合作社，无论其管理、技术还是资金等重要因素主要是从农业企业处获得支持的。而农业企业对合作社的剩余索取权和控制权主要通过对合作社的直接管理及股份分红两种途径获得。农业企业与其雇佣的经理人之间的委托代理和普通社员与企业之间的委托代理是合作社委托代理关系的两种主要表现形式。

5.5.2　不同治理模式下的合作社内部信任水平差异性分析

笔者选择具有不同依托单位的合作社作为分析样本[①]，将其按供销社、

---

① 样本来自云南省建水、澜沧、禄劝、昌宁四县 25 家农民合作社。

龙头企业、无三个类别归总，采用单因素检验的方法，排除其他因素的干扰，进行依托单位不同是否会在很大程度上影响其关系信任、制度信任及内部信任的分析。分析结果见表 5-7。

表 5-7　不同依托单位的合作社内部信任水平差异性分析

项目	依托单位	样本数	均值	标准差	F 值	相关系数
关系信任	供销社	22	3.935	0.476		
	龙头企业	83	3.714	0.644	4.126	0.017
	无	262	4.012	0.656		
制度信任	供销社	22	3.878	0.395		
	龙头企业	83	3.938	0.458	4.663	0.01
	无	262	3.768	0.489		
内部信任	供销社	22	3.887	0.406		
	龙头企业	83	3.681	0.516	5.291	0.005
	无	262	3.860	0.506		

注：依托单位为供销社的合作社治理模式为政府主导型、依托单位为龙头企业的合作社治理模式为企业主导型、依托单位为无的合作社治理模式为能人主导型

依托单位对关系信任产生的影响程度存在显著性差异，以无作为依托的合作社关系信任水平最高，以供销社、龙头企业为依托的合作社关系信任水平次之。

依托单位对制度信任产生的影响程度存在显著性差异，以龙头企业作为依托的合作社制度信任水平最高，以供销社、无为依托的合作社制度信任水平次之。

依托单位对合作社内部信任产生的影响程度存在显著性差异。以供销社作为依托的合作社内部信任水平最高，以无及龙头企业为依托的合作社信任水平次之。随着市场经济的发展，农业分工趋于深化，农业经营主体趋于多元化，在这种背景下，以龙头企业为依托更能提高合作社的组织化程度，帮助合作社向规模化、专业化、市场化转变。同时，基于契约精神，以龙头企业为依托的合作社更能保护小规模农户的利益。

5.5.3　不同治理模式下的合作社内部信任水平与绩效关系分析

由于数据较为薄弱且自身能力有限，本书中所提到的不同治理模式下的

合作社内部信任水平和绩效的分析情况还比较浅显，希望可以获得更多有效的资料，进一步推动后续研究的实现。分析结果见表 5-8。

表 5-8 不同治理模式下的合作社内部信任水平与绩效水平

调查区域	合作社	治理模式	绩效水平	内部信任水平
澜沧	宏丰咖啡农民专业合作社	能人主导型	64	1.43
	广源茶叶农民专业合作社	能人主导型	65	1.47
	志新肉牛养殖农民专业合作社	能人主导型	70	2.02
禄劝	枝福烤烟技术服务专业合作社	能人主导型	68	1.99
	云兴种植专业合作社	能人主导型	74	2.13
	三村白芨种植专业合作社	能人主导型	63	1.81
	海昌林业专业合作社	能人主导型	67	1.72
	联合中草药种植专业合作社	能人主导型	65	1.8
	新合林下种植专业合作社	能人主导型	77	2.33
昌宁	临福源林畜专业合作社	能人主导型	87	2.2
	河尾福兴农机专业合作社	能人主导型	85	2.72
	棚鲜食用菌专业合作社	能人主导型	80	2.45
	正强嘎薄泡核桃专业合作社	能人主导型	74	2.69
	绿源中草药种植专业合作社	政府主导型	87	2.91
	大场诚信茶叶种植专业合作社	政府主导型	79	2.01
	文银魔芋专业合作社	企业主导型	65	1.85
	柯街嘉肴蔬菜专业合作社	企业主导型	89	1.48
	智垚良种猪养殖专业合作社	企业主导型	88	2.86
	乡富华荣鑫泡核桃专业合作社	企业主导型	80	2.38

由表 5-8 可知能人主导型治理模式下合作社内部信任水平的均值为 2.06，政府主导型内部信任水平的均值为 2.46，企业主导型治理模式下的合作社内部信任水平的均值为 2.14，均处于一般水平，即能人主导型的信任水平(2.06)＜企业主导型的信任水平(2.14)＜政府主导型的信任水平(2.46)。虽然我国大多数合作社治理模式是能人主导型的，但此治理模式合作社组织较少有完整的治理结构，组织较少设立理事会及监事会，监督职能是由社员全权代理的，进而导致制度信任较低。相反，企业主导型与政府主导型合作社治理模式制度信任较高。

而关于绩效水平，能人主导型合作社平均绩效 72.23，企业主导型合作社平均绩效为 80.5，政府主导型合作社平均绩效为 83，其平均水平排序为：能人主导型(72.23)<企业主导型(80.5)<政府主导型(83)。这一结果是因为能人主导型治理模式合作社组织缺少资金扶持，不能容易地从政府部门及国有银行得到资金支持，较少能在资本市场上筹集到资金。相反，企业主导型、政府主导型治理模式合作社资金相对充裕，特别是政府主导型合作社比较容易获得政策上的扶持。同时，企业主导型合作社除了资金相对充裕外，还对市场行情比较敏感，积极响应农业供给侧结构性改革政策，能够根据市场行情不断地优化产品结构。

关于绩效水平与信任水平的关系，初步可以得出以下结论，即能人主导型治理模式合作社的绩效水平与信任水平总体上低于企业主导型及政府主导型。此结论也再一次侧面证明了合作社内部信任与绩效的关系。值得一提的是，虽然政府主导型治理模式合作社组织绩效水平与信任水平均高于其他两种类型，但考虑到政府对合作组织的控制会导致合作组织的治理部门并不能完全发挥各自的职能，而且合作社本质上是企业，故在此倡导大力发展企业主导型治理模式的合作社。

5.6　本　章　小　结

本章在第 3 章和第 4 章研究基础之上，运用 SEM 分析内部信任对合作社绩效的影响，探析内部信任(关系信任、制度信任)对合作社绩效的作用比例，分析内部信任对合作社经济绩效和非经济绩效的影响。结果表明，关系信任对合作社整体绩效的影响明显高于制度信任；制度信任对合作社经济绩效的影响大于关系信任；关系信任对合作社非经济绩效的影响大于制度信任。

同时，利用 CURVEFIT 模型的曲线估计构建了农民合作社内部信任水平与绩效的回归模型 $Y = 3.1458X^{-0.049}$（$1 \leqslant X \leqslant 5$），用于预测基期绩效现有信任水平与应有信任水平。

本章还构建了考虑信任的农民合作社绩效评估模型，得出想要让合作社成员产生信任并实施信任行为，需要激励隐性契约。而且，在存在机会主义成本及分离信任的影响下，信任行为的执行概率将决定隐性契约：假如合作社将采取激励隐性行为，那么执行隐性契约的概率会升高，并且激励性奖励也会增加。先验概率与私人信息决定了最优显性契约奖励。两者之间表现为正相关，先验概率较小时，显性契约奖励同样较小，反之较大。

影响合作社绩效的因素有很多，同时，抛开合作谈信任是不合理、不科学的,故笔者在分析合作对绩效影响效应的基础上,加入信任这一调节变量,考察内部信任对合作的调节效应,分析内部信任与合作交互对农民合作社绩效的共同影响。结果表明,绩效受到合作正向影响显著,合作对绩效的作用程度为 0.241,内部信任对合作社社员合作行为有一定的调节效应,然而只有在有效合作的前提下,内部信任才会对绩效产生长远而高水平的绩效。同理,笔者研究了内部信任与治理模式交互对农民合作社绩效的影响,首先归纳了我国合作社有能人主导型、政府主导型及企业主导型三种主要的治理模式,在此基础上,利用单因素检验得出分析结果,即依托单位对合作社内部信任产生的影响程度存在显著性差异(供销社>无>龙头企业),依托单位对关系信任产生的影响程度存在显著性差异(无>供销社>龙头企业),依托单位对制度信任产生的影响程度存在显著性差异(龙头企业>供销社>无)。同时,从总体上看,企业主导型和政府主导型治理模式合作社的绩效水平与信任水平要比能人主导型治理模式合作社绩效水平高。

第6章　农民合作社内部信任影响因素分析

6.1　理论模型及变量说明

从中国农民合作社的实际发展情况出发，结合已有的相关文献研究成果，选取内部信任为切入点构建农民合作社内部信任影响因素结构模型，如图6-1所示。建模第一步即定义变量，以代表性、科学性及可操作性为原则选取社员个体因素、社长因素、其他社员因素及合作社组织因素四个指标作为模型自变量(也称外生潜变量)，选取信任这个指标作为模型因变量(也称内生潜变量)。基于本书前文研究成果，设定两个前提条件：其一是自变量内部之间的关系——社员、社长及其他社员因素会对合作社组织因素产生正向相关影响；其二是自变量与因变量之间的关系——自变量会对因变量产生正向相关影响。具体模型见图6-1。

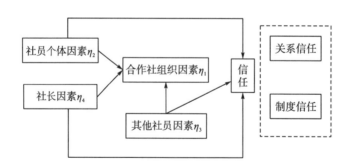

图 6-1　内部信任影响因素结构模型

以上结构模型可以用式(6-1)～式(6-3)加以表示：

$$E(\eta) = B\eta + \Gamma\xi + \zeta \tag{6-1}$$

其中，$E(\eta)$表示潜变量的期望值；ξ表示外生潜变量；η表示内生潜变量；B表示相关系数矩阵(内生潜变量间)；Γ表示相关系数矩阵(外生潜变量对内生潜变量)；ζ表示测量误差，$E(\zeta) = 0$。

$$x = \lambda_x + \delta \tag{6-2}$$

$$y = \lambda_y \eta + \varepsilon \tag{6-3}$$

　　式(6-2)表示可测量外生潜变量，其中，x 表示外生显变量向量组合，也被称为标识变量；λ_x 表示外生潜变量负载矩阵；δ 表示外生显变量的测量误差，$E(\delta) = 0$。式(6-3)表示可测量内生潜变量，其中，y 表示内生显变量向量组合，也被称为标识变量；λ_y 表示内生潜变量负载矩阵；ε 表示内生显变量的测量误差，$E(\varepsilon) = 0$。

6.2　问卷设计及样本说明

　　以上文所构建的模型为基础，对各潜变量综合考虑后加以取舍，设计成调查问卷，问卷内部主要涵盖两大部分：一是合作社内部信任类问题(含制度信任、关系信任等)，这部分问题在前文第 4 章已有所提及；二是合作社内部信任影响因素类问题(含社员个体、社长、其他社员及合作社组织因素等)。本次所设置问卷与信任水平量表同步策划、设计及组织，这里不再就样本进行重复说明。

　　这里需要说明的是所构建的模型中潜变量数据不能通过直接测量获得，只能通过测量指标(即所说的标识变量)来间接综合体现。其中，总计有 12 个指标用于外生潜变量的测量，部分指标数据能够直接获得，剩余部分指标则通过利克特量表获得。具体见表 6-1。

表 6-1　内部信任影响因素变量及其数据描述

外生潜变量	标识变量(测量指标)		指标名称
	指标代码	指标内容	
社员个体因素	A_1	信任倾向：非常容易=5；比较容易=4；一般容易=3；不太容易=2；非常不容易=1	信任倾向
	A_2	熟悉度：非常熟悉=5；比较熟悉=4；熟悉=3；不熟悉=2；非常不熟悉=1	熟悉度
	A_3	年均纯收入与非社员相比：高很多=5；高一点=4；没有差别=3；差一些=2；差很多=1	收入高低
社长因素	B_1	管理与经营能力：非常强=5；比较强=4；一般=3；不太强=2；非常不强=1	管理与经营能力

外生潜变量	标识变量(测量指标)		指标名称
	指标代码	指标内容	
社长因素	B_2	对社员与合作社的责任心：非常强=5；比较强=4；一般=3；不太强=2；非常不强=1	责任心
	B_3	关心社员利益：非常强=5；比较强=4；一般=3；不太强=2；非常不强=1	关心社员利益
其他社员因素	C_1	专业技术能力比较强的人数：非常多=5；比较多=4；一般=3；比较少=2；非常少=1	其他社员的能力
	C_2	正直人数：非常多=5；比较多=4；一般=3；比较少=2；非常少=1	正直
	C_3	声誉比较好的人数：非常多=5；比较多=4；一般=3；比较少=2；非常少=1	声誉
合作社组织因素	D_1	外部扶持：很多=5；较多=4；一般=3；较少=2；没有=1	外部扶持
	D_2	市场竞争能力：非常强=5；较强=4；一般=3；比较弱=2；非常弱=1	市场竞争能力
	D_3	组织机构健全水平：非常健全=5；较健全=4；一般=3；不太健全=2；非常不健全=1	组织机构

6.2.1　社员个体因素变量

本章选取 A_1(信任倾向)、A_2(熟悉度)、A_3(收入高低)三个变量指标来综合反映社员自身情况。其一，信任倾向指的是对于他人采取信任态度的倾向，这种倾向不以对合作社及其他社员的深入了解为前提，而是受自身人生阅历及社会大环境影响的一种自然而然的对于人性的信念，建立信任倾向是交易双方能够成功建立关系的重要的初始因素，同时也是影响社员是否信任合作社的一种重要因素。其二，熟悉度指的是对于人、组织做某种事或者某个决定的一种理解，这种理解以彼此之间的交流经验为基础，熟悉度一旦建立，沟通就会高效、便捷。一般来说，社员对于合作社的熟悉度指的是对于组织、社长及其他社员情况的了解程度。在这里需要说明的是，熟悉度不同于信任，熟悉度强调的是对于人和组织当前行为的一种理解，而信任则强调的是对于人和组织未来行动的一种信念。当然这两者之间也会存在关联效用，信任的建立可能会源于熟悉度的积累，如在产品销售过程中，交易双方明晰流程，就能使沟通高效、便捷，促成交易，并且社员与合作社组织、社长及其他社员熟悉度的建立，可以有效降低怀疑效应，提升合作信任值。其三，收入指的是社员在与合作社合作期间所获取的经济利益。归根结底，社员一切行动的出发点和终点都是追求经济利益最大化，如果合作社能够给社员带来较非社员更好的经济利益，那么社员对于合作社的信任值就会提升。

6.2.2　社长因素变量

本章选取 B_1（管理与经营能力）、B_2（责任心）、B_3（关心社员利益）三个变量指标来综合反映社长对信任水平所产生的影响。其一，在专业领域，技术的高低往往能够很大程度上决定一个人在此领域中被信任程度的高低，这种技术指的是其拥有的专业技能知识、沟通合作技巧及管理经验等。合作社组织里，社长一般拥有比较强的管理与经营能力。其二，责任心指的是行为当事人要对自己所做的决策、采取的行动主动承担相应的责任，这是个体同社会群体沟通交往所必须具有的特质，责任心在心理学对个体差异的研究中被当作一个研究变量，不同的个体之间差异较大，其不只是一种心理活动，更重要的是能起到与其他个体和群体建立良好关系的纽带作用。在合作社组织中，社长是管理和经营的第一责任人，其责任心会直接影响合作社管理制度的建立、执行及经营业绩，进而影响到社员的工作态度、工作业绩和工作收入，而工作收入是衡量社会对于合作社是否具有信任倾向的一个重要指标，因此，社长的责任心很大程度上关系到社员对合作社的信任值。其三，关心社员利益是一种沟通技巧，有诸多的益处，在合作社组织中，社长表达对社员的关心有多种方式，如及时了解社员的工作和生活状况，关注社员的利益诉求，社员有难处时及时伸出援手，社员表现好时加以表扬，等等，社员感受到社长的关心，会进一步提升对社长的信任值，提升对合作社组织的信任值。因此，一个优秀的社长应该将社员当成自己的家人，积极、主动地表达自己的关心，这对于提升组织凝聚力、建设好合作社至关重要。

6.2.3　其他社员因素变量

本章选取 C_1（其他社员的能力）、C_2（正直）、C_3（声誉）三个变量指标来综合反映其他社员因素对合作社信任水平所产生的影响。其一，对于合作社组织来说，其他社员的能力也同样重要，与社长能力不一样的地方是侧重点不同，其能力主要侧重于专业技术能力，同样，其能力越强，得到的信任也就越多。其二，正直是指基于被信任者在过去长时间内表现出来的在道德层面的正义感、在行为层面的一致性等在信任者心中建立的形象，其和行为一致概念存在一定的关联作用，同时也有一些差异表现，行为一致侧重于以过去的行为作为判断基础，而正直侧重于当下的言行一致。其三，声誉是主体通过长时间的行为在利益相关者心中建立的形象，利益相关者会事先给声誉主体设定一个评价基础，这个评价基础是一个综合值，涵盖声誉主体的行为、其他个体的同样的行为，以及利益相关者长时间的经验积累，经过一段时间后，会形成一个稳定的综合值，从而完成主体声誉的建立。综合来说，声誉可以说是利益相关者愿景、声誉主体及其他个体行为及利益相关者同声誉主体的信息沟通等多种因素发生综合效应形成的一种产物。

6.2.4 合作社组织因素变量

本章选取 D_1(外部扶持)、D_2(市场竞争能力)、D_3(组织机构)三个变量指标来综合反映合作社组织因素对合作社信任水平所产生的影响。其一，农业合作社是国家大力扶持的经济组织，国家已经给予了包括税收优惠在内的财政支持，人才及科技在内的技术支持，产业宣传及引导在内的政策支持。合作社发展越好，则获得的扶持力量相对而言就会越多一些，基于这个判断准则，社员主观意识上会希望合作社发展形势越来越好，从而提升对合作社组织的信任水平。其二，任何一种经济活动都是基于市场的，都是充满竞争性的，合作社要产生收益，就需要提升产品和服务的竞争力，拓宽销路，增加销量，使合作社充满市场竞争能力。基于这个判断准则，社员主观意识上会认同合作社市场竞争能力越强，未来预期越好，从而提升对合作社组织的信任水平。其三，合作社管理体系是否建立健全，社长在内的管理层是否做到依法依规管理，这在很大程度上会影响社员对于合作社组织的信任水平。

6.3 影响因素量表效度和信度分析

6.3.1 影响因素量表效度分析

选用 SPSS22.0 软件对影响因素量表做效度分析，其测量项为 12 个，首先进行 KMO 和 Bartlett's 球形检验，相关结果如表 6-2 所示。

表 6-2　影响因素量表的 KMO 和 Bartlett's 球形检验

取样足够度的 KMO 度量		0.759
Bartlett's 球形检验	近似卡方	1574.676
	df	66
	Sig.	0.000

基于判断准则及以上检验结果(KMO=0.759＞0.7；Bartlett's 球形检验值小于 0.001)，可对其进行进一步的因素分析，在此环节选用主成分分析法进行公因子提取，因子的提取要求为特征根大于 1；选用方差最大正交旋转的方式进行因子旋转，结果见表 6-3。

表 6-3　影响因素量表总方差解释

组件	初始特征值			提取载荷平方和			旋转载荷平方和		
	总计/%	方差百分比/%	累积百分比/%	总计/%	方差百分比/%	累积百分比/%	总计/%	方差百分比/%	累积百分比/%
1	3.568	29.730	29.730	3.568	29.730	29.730	2.287	19.060	19.060
2	1.897	15.807	45.536	1.897	15.807	45.536	2.227	18.562	37.622
3	1.664	13.864	59.400	1.664	13.864	59.400	2.134	17.779	55.401
4	1.545	12.879	72.279	1.545	12.879	72.279	2.025	16.878	72.279
5	0.580	4.834	77.112						
6	0.485	4.045	81.157						
7	0.467	3.891	85.049						
8	0.424	3.530	88.579						
9	0.396	3.300	91.879						
10	0.370	3.083	94.962						
11	0.339	2.827	97.789						
12	0.265	2.211	100.000						

注：提取方法为主成分分析法

基于表 6-3 中得到的四个因素，总解释能力为 72.279%(19.060%+18.562%+17.779%+16.878%)，远大于判断基准值 0.5，说明四个因素代表性良好。相关因素负荷量系数如表 6-4 所示。

表 6-4　旋转后的成分矩阵 [a]

题项	组件			
	1	2	3	4
C_3	0.871			
C_2	0.862			
C_1	0.842			
D_3		0.851		
D_2		0.845		
D_1		0.832		
A_3			0.862	
A_1			0.817	
A_2			0.799	
B_3				0.822
B_2				0.806
B_1				0.787

注：提取方法为主成分分析法，旋转方法为 Kaiser 标准化最大方差法；a 表示旋转在 5 次迭代后已收敛

根据表 6-4 结果可以得出，问卷的全部测量项在因素负荷量值上均较判断基准值 0.5 大，同时其交叉负荷较判断基准值 0.4 小，这说明所设计的影响因素量表在结构效度上表现良好。

6.3.2　影响因素量表信度分析

本问卷基于四个因素(即社员个体因素、社长因素、其他社员因素及合作社组织因素)设计,测量题项数量为12个,其信度分析相关分析结果见表 6-5。

表 6-5　影响因素量表信度分析

因素	题项	CITC	删除该题项的 Cronbach's Alpha 系数	Cronbach's Alpha 系数
社员个体因素	A_1	0.601	0.730	
	A_2	0.598	0.716	0.777
	A_3	0.670	0.659	
社长因素	B_1	0.568	0.688	
	B_2	0.590	0.663	0.749
	B_3	0.591	0.649	

因素	题项	CITC	删除该题项的 Cronbach's Alpha 系数	Cronbach's Alpha 系数
其他社员因素	C_1	0.656	0.824	
	C_2	0.720	0.759	0.839
	C_3	0.737	0.747	
合作社组织因素	D_1	0.672	0.754	
	D_2	0.715	0.718	0.820
	D_3	0.643	0.787	

　　基于表 6-5 的结果，四个变量的 Cronbach's Alpha 系数均较判断基准值 0.7 要大，分别为 0.777、0.749、0.839、0.820，说明四个变量在内部一致性信度方面表现良好，且其 CITC 值较判断基准值 0.5 大，说明测量项设置科学、合理，满足研究要求。从"删除该题项的 Cronbach's Alpha 系数"值看，删除任意一题项均不会引发 Cronbach's Alpha 系数值增加，这也同样表明变量具有良好的信度。

6.4　影响因素验证性因素分析

　　在实际操作过程中，大部分是通过采取变量缩减的方法对模型加以修正，具体以下面条件为修正原则：①对因素负荷量相较于要求值差很远的测量题项，予以删除，因为其值过低，可以认为该题项的信度表现不好；②测量题项如果其残差不独立，予以删除；③测量题项如果有共线性存在的情况，予以删除。一般来说，后两种情况需要依据修正指标（modification index，MI）来进行修正操作。

　　影响因素体系层次包含 4 个维度，12 个测量题项，在进行 CFA 流程后结果见图 6-2、表 6-6 和表 6-7。

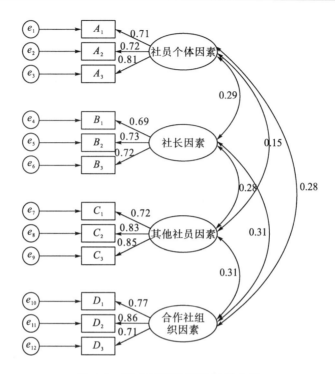

图 6-2　影响因素验证性因素分析

表 6-6　影响因素模型拟合度

指标	拟合指标	可接受范围	测量值
	CMIN		61.455
	DF		48
绝对拟合指标	CMIN/DF	<3	1.28
	GFI	>0.9	0.973
	AGFI	>0.9	0.956
	RMSEA	<0.08	0.028
	IFI	>0.9	0.991
中间拟合指标	NNFI	>0.9	0.988
	CFI	>0.9	0.991

注：CMIN（the chi-squared statistic）表示卡方值；DF（degree of freedom）表示自由度；CMIN/DF（CMIN/degree of freedom）表示卡方与自由度的比值；GFI（goodness of fit index）表示拟合优度指数；AGFI（adjusted goodness of fit index）表示调整后的配适度；RMSEA（root mean square error of approximation）表示近似误差均方根；IFI（incremental fit index）表示渐增拟合指数；NNFI（not norm fit index）表示非标准配适度指数；CFI（comparative fit index）表示比较拟合指数

表 6-7 影响因素路径系数

构面	题项	非标准化因素负荷	标准误 S.E.	C.R. (*t*-value)	*p*	标准化因素负荷	C.R.	AVE
社员个体因素	A_1	1.000				0.707	0.790	0.557
	A_2	0.885	0.079	11.223	***	0.717		
	A_3	0.869	0.076	11.418	***	0.811		
社长因素	B_1	1.000				0.688	0.756	0.508
	B_2	0.827	0.082	10.125	***	0.730		
	B_3	0.939	0.093	10.104	***	0.720		
其他社员因素	C_1	1.000				0.719	0.842	0.642
	C_2	1.159	0.083	13.925	***	0.832		
	C_3	1.079	0.077	13.967	***	0.846		
合作社组织因素	D_1	1.000				0.772	0.824	0.611
	D_2	0.995	0.072	13.878	***	0.855		
	D_3	0.956	0.075	12.834	***	0.711		

***表示在 0.001 水平下显著

注：C.R.(critical radio)表示临界比值；AVE(average variance extracted)表示平均提取方差值

6.4.1 影响因素模型拟合度

由表 6-6 相关数据可得：GFI、AGFI、NNFI 、IFI、CFI 较判断基准值 0.9 均要大；CMIN/DF 较判断基准值 3 要小，为 1.28；RMSEA 较判断基准值 0.08 要小，为 0.028。模型拟合指标中绝大部分能够满足一般 SEM 研究的基准要求，由此可以得出此模型在配适度方面具有良好的表现。

6.4.2 影响因素路径系数

由表 6-7 相关数据可得：测量题项只有社长因素的标准化因素负荷为 0.688（但其也较 0.7 非常接近，属于可接受范围之内），其他因素负荷量均较判断基准值 0.7 要大，同时所有测量题项的残差均大于 0 且表现显著。社员个体因素、社长因素、其他社员因素及合作社组织因素信度上均较判断基准值 0.7 大，分别达到 0.790、0.756、0.842、0.824；其平均变异萃取量值较判断基准值 0.5 大，分别达到 0.557、0.508、0.642、0.611，均满足收敛效度的基准要求，同时模型配适度也趋于可接受阈值，依据以上分析结果，将全部测量题项加以保留，进入后续分析环节。具体见表 6-7。

6.5 区别效度和相关分析

区别效度分析主要是对两个构面在统计分析上是否存在差异性进行相关验证，通常测量题项如果属于不同构面，就不应高度相关，如果存在高度相关（其值大于 0.85），则说明这些测量题项是在围绕同一件事进行测量，两个构面在定义及题项设计上有重叠。

本研究选用 AVE 法对模型构面的区别效度加以评估，其各因素的 AVE 要求在开根号后较各成对变数的相关系数值要大，只有这样才能说明各因素具有区别效度。本研究中模型对角线各因素的 AVE 在开根号后较对角线外的标准化相关系数值大，说明其具有区别效度，其中相关系数值分布在斜下三角，如表 6-8 所示。

表 6-8　区别效度及相关分析

构面	社员个体因素	社长因素	其他社员因素	合作社组织因素	关系信任	制度信任
社员个体因素	0.746					
社长因素	0.229**	0.713				
其他社员因素	0.145**	0.227**	0.801			
合作社组织因素	0.187**	0.228**	0.176**	0.782		
关系信任	0.263**	0.245**	0.325**	0.179**	0.758	
制度信任	0.143**	0.177**	0.264**	0.136**	0.635**	0.807

**表示在 0.01 水平下显著

6.6　结　构　方　程

SEM 分析是理论模型验证的有效方法，但其需要模型具备良好的配适度。配适度是所建立的模型同所选取的样本在共变异数阵上具有的一致性程度，一致性越好代表配合度越好。为了科学、合理地评估配适度，需确定相应的评估指标，本书研究所选指标体系包含 GFI、CMIN、AGFI、IFI、CMIN/DF、NNFI、RMSEA、CFI，当以上所选指标中大比例都符合要求时，便可以认为所构建的模型同样本数据在拟合度上表现较好，具有较好的配适度。

6.6.1 内部信任 SEM 分析

本小节将进行 SEM 分析，以此对模型所含因素（社员个体因素、社长因素、其他社员因素及合作社组织因素）之间存在的相互关联效用进行探讨。

1. 内部信任 SEM 拟合度

由表 6-9 相关数据可得：GFI、AGFI、NNFI 、IFI、CFI 较判断基准值 0.9 均要大；CMIN/DF 较判断基准值 3 要小，为 1.274；RMSEA 较判断基准值 0.08 要小，为 0.027。可见模型拟合指标中绝大部分能够满足一般 SEM 研究的基准要求，由此可以得出此模型在配适度方面具有良好的表现，如表 6-9 所示。

表 6-9　内部信任 SEM 拟合指标

指标	CMIN	CMIN/DF	GFI	AGFI	NNFI	IFI	CFI	RMSEA
数值	119.761	1.274	0.962	0.944	0.985	0.988	0.988	0.027

2. 内部信任 SEM 路径系数

由表 6-10 相关数据可得：β 在探究社员个体因素对合作社组织因素影响效用时取值为 0.187，同时 p 值为 0.004 较判断基准值 0.05 小，说明社员个体因素能够产生正向效用影响合作社组织因素，假设趋于成立；β 在探究其他社员因素对合作社组织因素影响效用时取值为 0.229，同时 p 值为 0 较判断基准值 0.05 小，说明其他社员因素能够产生正向效用影响合作社组织因素，假设趋于成立；β 在探究社长因素对合作社组织因素影响效用时取值为 0.290，同时 p 值为 0.006 较判断基准值 0.05 小，说明社长因素能够产生正向效用影响合作社组织因素，假设趋于成立；β 在探究合作社组织因素对内部信任影响效用时取值为 0.154，同时 p 值为 0.017 较判断基准值 0.05 小，说明合作社组织因素能够产生正向效用影响内部信任，假设趋于成立；β 在探究社员个体因素对内部信任影响效用时取值为 0.259，同时 p 值为 0.012 较判断基准值 0.05 小，说明社员个体因素能够产生正向效用影响内部信任，假设趋于成立；β 在探究其他社员因素对内部信任影响效用时取值为 0.192，同时 p 值为 0 较判断基准值 0.05 小，说明其他社员因素能够产生正向效用影响内部信任，假设趋于成立；β 在探究社长因素对内部信任影响效用时取值为 0.237，同时 p 值为 0.043 较判断基准值 0.05 小，说明社长因素能够产生正向效用影响内部信任，假设趋于成立。具体见表 6-10。

表 6-10　内部信任 SEM 路径系数

路径			标准化估计值（ β ）	非标准化估计值	标准误 S.E.	C.R. (t -value)	p
合作社组织因素	←	社员个体因素	0.187	0.209	0.073	2.859	0.004
合作社组织因素	←	其他社员因素	0.229	0.200	0.055	3.620	***
合作社组织因素	←	社长因素	0.290	0.183	0.067	2.722	0.006
内部信任	←	合作社组织因素	0.154	0.137	0.057	2.396	0.017
内部信任	←	社员个体因素	0.259	0.159	0.063	2.501	0.012
内部信任	←	其他社员因素	0.192	0.227	0.049	4.612	***
内部信任	←	社长因素	0.237	0.117	0.058	2.02	0.043

***表示在 0.001 水平下显著

6.6.2　关系信任 SEM 分析

本小节将进行 SEM 分析，以此对模型所含因素(社员个体因素、其他社员因素、社长因素、合作社组织因素、关系信任)之间存在的相互关联效用进行探讨。

1. 关系信任 SEM 拟合度

由表 6-11 相关数据可得：GFI、AGFI、NNFI、IFI、CFI 较判断基准值 0.9 均要大；CMIN/DF 较判断基准值 3 要小，为 1.254；RMSEA 较判断基准值 0.08 要小，为 0.026。模型拟合指标中绝大部分能够满足一般 SEM 研究的基准要求,由此可以得出此模型在配适度方面具有良好的表现,具体见表 6-11。

表 6-11　关系信任 SEM 拟合指标

指标	CMIN	CMIN/DF	GFI	AGFI	NNFI	IFI	CFI	RMSEA
数值	100.286	1.254	0.965	0.947	0.986	0.989	0.989	0.026

2. 关系信任 SEM 路径系数

由表 6-12 相关数据可得， β 在探究合作社组织因素对关系信任影响效用时取值为 0.122，但 p 值为 0.068 较判断基准值 0.05 大，则假设趋于不成立； β 在探究社员个体因素对关系信任影响效用时取值为 0.219，同时 p 值为 0.001 较判断基准值 0.05 小,说明社员个体因素能够产生正向效用影响关系信任,假设趋于成立;β 在探究其他社员因素对关系信任影响效用时取值为 0.290,同时 p 值为 0 较判断基准值 0.05 小,说明其他社员因素能够产生正向效用影响关系信任,假设趋于成立;β 在探究社长因素对关系信任影响效用时取值为 0.305,但 p 值为 0.005 较判断基准值 0.05 小,假设趋于成立。具体见表 6-12。

表 6-12　关系信任 SEM 路径系数

	路径		标准化估计值(β)	非标准化估计值	标准误 S.E.	C.R.(t-value)	p
关系信任	←	合作社组织因素	0.122	0.125	0.068	1.825	0.068
关系信任	←	社员个体因素	0.219	0.251	0.077	3.242	0.001
关系信任	←	其他社员因素	0.290	0.276	0.06	4.569	***
关系信任	←	社长因素	0.305	0.124	0.069	1.781	0.005

***表示在 0.001 水平下显著

6.6.3　制度信任 SEM 分析

本小节将进行 SEM 分析,以此对模型所含因素(社员个体因素、其他社员因素、社长因素、合作社组织因素、制度信任)之间存在的相互关联效用进行探讨。

1. 制度信任 SEM 拟合度

由表 6-13 相关数据可得:GFI、AGFI、NNFI IFI、CFI 较判断基准值 0.9 均要大;CMIN/DF 较判断基准值 3 要小,为 1.142;RMSEA 较判断基准值 0.08 要小,为 0.020。可见模型拟合指标中绝大部分能够满足一般 SEM 研究的基准要求,由此可以得出此模型在配适度方面具有良好的表现。具体见表 6-13。

表 6-13　制度信任 SEM 拟合指标

指标	CMIN	CMIN/DF	GFI	AGFI	NNFI	IFI	CFI	RMSEA
数值	76.541	1.142	0.971	0.954	0.992	0.994	0.994	0.020

2. 制度信任 SEM 路径系数

由表 6-14 相关数据可得，β 在探究合作社组织因素对制度信任影响效用时取值为 0.116，但 p 值较判断基准值 0.05 小，假设趋于成立；β 在探究社员个体因素对制度信任影响效用时取值为 0.023，但 p 值较判断基准值 0.05 大，假设趋于不成立；β 在探究其他社员因素对制度信任影响效用时取值为 0.237，但 p 值较判断基准值 0.05 大，假设趋于不成立；β 在探究社长因素对制度信任影响效用时取值为 0.099，同时 p 值较判断基准值 0.05 小，说明社长因素能够产生正向效用影响制度信任，假设趋于成立。具体内容见表 6-14。

表 6-14　制度信任 SEM 路径系数

路径			标准化估计值（β）	非标准化估计值	标准误 S.E.	C.R. （t-value）	p
制度信任	←	合作社组织因素	0.116	0.083	0.055	1.525	0.027
制度信任	←	社员个体因素	0.023	0.019	0.060	0.319	0.750
制度信任	←	其他社员因素	0.237	0.148	0.048	3.074	0.212
制度信任	←	社长因素	0.099	0.069	0.055	1.247	0.002

6.7　其他影响因素分析

6.7.1　其他影响因素变量

年龄（X_{11}）和学历（X_{12}）属于个人特性之一，会对社员的行为方式产生一定的影响。每个社员接受教育的程度及所处的年龄阶段会较大影响社员对于合作社的信任水平。通常来讲，社员年龄越大，为人处世的经验及社会阅历会越丰富，对于合作社组织的信任水平会提升，忠诚度提升；社员接受教育的程度越高，接受新事物的能力相对来说会越强，对于合作社组织的认同感和责任心也会越强，信任水平提升；社长社会职务（X_{13}）能够对其在合作社组织中的地位和威望产生较大的影响，能够对其经营和管理的合作社组织的类型产生较大影响，社长有一个较好的社会职务会增加社员对其的信任水平；合作社依托单位（X_{14}）的综合实力也会较大影响社员对于合作社组织的信任水平[①]。具体变量指标见表 6-15。

表 6-15　其他影响因素变量指标

外生潜变量	标识变量(测量指标)	
	指标代码	指标内容
社员个体因素	X_{11}	年龄：①30 岁及以下；②31～40 岁；③41～50 岁；④51～60 岁
	X_{12}	学历：①小学及以下；②初中；③高中；④大学及以上
	X_{13}	社长社会职务：①有；②无
	X_{14}	合作社依托单位：①龙头企业；②供销社；③无

6.7.2　其他影响因素差异性分析

前文选取了四种因素(社员个体因素、其他社员因素、社长因素及合作社组织因素)，分别分析了其对信任产生的影响。但受到利克特量表测项答案连续性的要求限制，在对测量量表进行内容设计时只筛选出 12 项测量指标。除此之外，在这里还给出一个假设：社员所处的年龄阶段、接受教育的程度(学历)、社长所担任的社会职务均能够显著影响合作社的信任水平。

1. 不同年龄的信任水平差异性分析

依据表 6-16 相关数据可得：选择具有不同年龄的受访者作为分析样本，将其按 30 岁及以下、31～40 岁、41～50 岁、51～60 岁年龄段归类，采用单因素检验的方法，排除其他因素的干扰，进行年龄不同是否会在很大程度上影响其关系信任、制度信任及信任的分析。分析结果为存在显著性差异，且各维度上得分序列为 51～60 岁>41～50 岁>31～40 岁>30 岁及以下，年龄越高，其在信任水平上得分越高。具体见表 6-16。

表 6-16　不同年龄的信任水平差异性分析

项目	年龄	N	Mean	SD	F	p
关系信任	30 岁及以下	58	3.734	0.678		
	31～40 岁	98	3.782	0.673	3.535	0.015
	41～50 岁	156	3.875	0.649		
	51～60 岁	55	4.004	0.52		

---

① 不同依托单位的信任水平差异性分析已在 5.5.2 小节中阐述过，在此不再重复。

续表

项目	年龄	N	Mean	SD	F	p
制度信任	30 岁及以下	58	3.813	0.499		
	31~40 岁	98	3.825	0.502	1.953	0.121
	41~50 岁	156	3.836	0.482		
	51~60 岁	55	3.959	0.407		
信任	30 岁及以下	58	3.694	0.545		
	31~40 岁	98	3.759	0.535	4.155	0.007
	41~50 岁	156	3.905	0.491		
	51~60 岁	55	3.947	0.422		

注：N(number)表示数量；Mean 表示平均值；SD 表示标准方差

2. 不同学历的信任水平差异性分析

依据表 6-17 相关数据可得：选择具有不同学历的受访者作为分析样本，将其按小学及以下、初中、高中及以上三个学历层次归类，采用单因素检验的方法，排除其他因素的干扰，进行学历不同是否会在很大程度上影响其关系信任、制度信任及信任的分析。分析结果为不存在显著性差异，具体见表 6-17。

表 6-17　不同学历的信任水平差异性分析

项目	学历	N	Mean	SD	F	p
关系信任	小学及以下	136	3.892	0.617		
	初中	183	3.906	0.681	0.338	0.713
	高中及以上	48	3.819	0.626		
制度信任	小学及以下	136	3.871	0.471		
	初中	183	3.925	0.481	1.203	0.301
	高中及以上	48	3.813	0.512		
信任	小学及以下	136	3.839	0.495		
	初中	183	3.853	0.52	0.345	0.708
	高中及以上	48	3.784	0.512		

注：N(number)表示数量；Mean 表示平均值；SD 表示标准方差

3. 不同社会职务的信任水平差异性分析

依据表 6-18 相关数据可得：选择具有不同社会职务的受访者作为分析样本，将其按有、无两个类别归总，采用 t 检验的方法，排除其他因素的干扰，进行社会职务不同是否会在很大程度上影响其关系信任、制度信任及信任的分析。分析结果为存在显著性差异，且 $p<0.05$，"有"的样本各维度得分较高。具体见表 6-18。

表 6-18　不同社会职务的信任水平差异性分析

项目	社会职务	N	Mean	SD	t	p
关系信任	有	162	3.875	0.516	0.533	0.024
	无	205	3.902	0.454		
制度信任	有	162	3.597	0.638	2.198	0.029
	无	205	3.736	0.571		
信任	有	162	3.776	0.573	2.050	0.041
	无	205	3.888	0.447		

注：N(number)表示数量；Mean 表示平均值；SD 表示标准方差

6.8　结　　论

6.8.1　测量模型结果分析

为了对信任的四大影响因素进行更深一层次的了解，本书选取潜变量为切入点，对每个可观测变量的影响情况进行全面、深入的分析。

1. 社员个体因素

在选取的 A_1(信任倾向)、A_2(熟悉度)、A_3(收入高低)三个影响社员个体因素的可测变量中，A_3(收入)影响程度最大，A_2(熟悉度)影响程度次之，A_1(信任倾向)影响程度最小，标准化路径系数分别为 0.811、0.717、0.707。此结果进一步验证了社员一切行动的出发点和终点都是追求经济利益最大化，基于此，合作社应着力提升社员收入水平，这是提升社员对于合作社组织的认同感及信任水平的首选之策；同时，信任倾向和熟悉度也能产生显著效用影响社员对于组织的信任水平。因此，管理者应采用多种形式积极鼓励、引导社员之间进行互动交流，更要形成上下互动、多频次沟通的机制，增强彼此的熟悉度，提升社员对于组织的信任水平。

2. 社长因素

在选取的 B_1(管理与经营能力)、B_2(责任心)、B_3(关心社员利益)三个影响社长因素的可测变量中，B_2(责任心)影响程度最大，B_3(关心社员利益)影响程度次之，B_1(管理与经营能力)影响程度最小，标准化路径系数分别为0.730、0.720、0.688。此结果说明社员对于社长的德行尤为关注，社长要对合作社的发展抱有责任心，对于改善社员的利益诉求抱有责任心。基于此，社长应着力提升自身的德行修养，始终秉承强烈的责任心，这是提升社员对社长的认同感及信任水平的首选之策；同时，管理与经营能力的提升也能显著提升社员对社长的信任水平，进而提升社员对于组织的信任水平。

3. 其他社员因素

在选取的 C_1(其他社员的能力)、C_2(正直)、C_3(声誉)三个影响其他社员因素的可测变量中，C_3(声誉)影响程度最大，C_2(正直)影响程度次之，C_3(其他社员的能力)影响程度最小，标准化路径系数分别为0.846、0.832、0.719。此结果说明社员之间建立信任更多是基于声誉，这与我国长久以来提倡的以德服人的文化理念相符合。同时，应着力提升社员的德行修养，营造良好的德行企业文化，这是提升社员对其他社员的认同感及对合作社信任水平的首选之策。另外，专业技术能力的提升也能显著提升社员对其他社员的信任水平，进而提升社员对组织的信任水平。

4. 合作社组织因素

在选取的 D_1(外部扶持)、D_2(市场竞争能力)、D_3(组织机构)三个影响其他社员因素的可测变量中，D_2(市场竞争能力)影响程度最大，D_1(外部扶持)影响程度次之，D_3(组织机构)影响程度最小，标准化路径系数分别为0.855、0.772、0.711。其中，D_1 和 D_2 可归为外部因素，D_3 可归为内部因素。此结果说明社员对于合作社的信任更多是基于外部因素，这与社员加入合作社的最终目的相符合。基于此，应着力提升合作社市场竞争力，努力获取外部支持，这是提升社员对于合作社认同感及对信任水平的首选之策；同时，应建立健全内部组织机构、制度，进行科学管理，这也能显著提升社员对于合作社的信任水平。

5. 社员个体因素、社长因素、其他社员因素对合作社组织因素的影响

在选取的社员个体因素、社长因素、其他社员因素三个影响合作社组织的可测变量中，社长因素影响程度最大，其他社员因素影响程度次之，社员个体因素影响程度最小，标准化路径系数分别为0.290、0.229、0.187。此结

果说明合作社应着力提升民主管理水平，实现民主决策、民主管理和民主监督。当然，我国现有国情下，社长对于组织的巨大影响力不容小觑，应尽量实现不带私人感情选举社长。

6.8.2　结构模型结果分析

1. 内部信任与其影响因素

在选取的能够对内部信任产生影响的四个可测变量里面，社员个体因素影响程度最大，社长因素影响程度次之，其他社员因素影响程度再次之，合作社组织因素影响程度最小，β 值分别为 0.259、0.237、0.192、0.154。农民合作社参与主体众多，特质各异，实际运行过程中，普通社员中分散农户占据了大比例，这部分普通社员资金量少，不能或很少给合作社注入资金，甚至有相当一部分普通社员加入合作社纯属"搭便车"行为，只将小部分的农副产品以较低价格出售给合作社，大部分以较高价格直接在市场上销售，基于此，社员个体对内部信任产生的影响程度最大。社长作为合作社的经营和管理的核心人员，相较于普通社员拥有更多的资金及社会资本等资源，承担的风险也较大，因此社长会用心经营和管理合作社，基于此，对内部信任产生的影响程度较社员个体因素影响较小。

2. 关系信任与其影响因素

在选取的能够对关系信任产生影响的四个可测变量里面，社长因素影响程度最大，其次是其他社员因素影响程度、社员个体因素影响程度，合作社组织因素影响程度没有通过检验，β 值分别为 0.305、0.290、0.219、0.122。通常情况下，农民加入合作是基于对社长的信任，即对社长最初的人际信任是农民加入合作社的主要推动力量。农民合作社均扎根于农村社区，作为合作社最大群体的普通社员大多为本地人，沟通快速、便捷，信息传播快，信息获取很容易，基于此，其他社员及社员个体因素对关系信任产生的影响程度较大。

3. 制度信任与其影响因素

在选取的能够对制度信任产生影响的四个可测变量里面，合作社组织因素影响程度最大，其 β 值为 0.116，社长因素影响程度次之，其 β 值为 0.099，而社员个体因素及其他社员因素影响不显著。随着我国法治化进程的深入推进，越来越多的社员意识到制度的重要性。根据走访调研可知，很多社员一改当初制度意识薄弱状态，认真研究起《中华人民共和国农民专业合作社法》的内容，并将其与合作社现实制度进行比较，时不时向社长提出改进合作社治理的建议。社长相较于普通社员有一个重要的特质就是经营管理能力突出，制度意识、规范经营意识更加强烈，基于此，社长因素对制度信任产生的影响程度较大。

6.8.3　其他影响因素结果分析

(1)社员学历因素对信任产生的影响程度不存在显著性差异。分析结果可能基于以下几点原因：其一，社员学历较低是普遍现象，在我们的调查对象中，文化程度处于小学及以下、初中两个阶段的普通社员占比约为五分之四；其二，合作社农产品所具有的技术含量较低，相应的技术附加值较低，社员的大部分工作内容都属于体力劳动；其三，合作社没有给社员设定准入门槛，同时大部分社员是出于对其他社员或者社长的人际信任加入合作社。

(2)社员年龄因素对信任产生的影响程度存在显著性差异。信任水平随年龄的增长而提高。分析结果可能基于以下原因：通常来说，随着年龄的增长，人的阅历及社会经验会不断累积，为人处世相较于年轻人会趋于稳重，同时，信任倾向也会随年龄增长趋于低水平。

(3)社长社会职务对信任产生的影响程度存在显著性差异，有社会职务的社长信任水平处于较高值。人们在社会关系中往往可以同时存在多重身份，扮演多重角色，这会降低任何一种社会身份对于他们的重要性。社长的多重身份会使得社长的身份概念在社员心中的模糊性增强，社员会主动去感知社长与自身相同的身份属性，更加积极地评价社长的其他身份属性，从而增进对社长的同一群体认知，增加对社长的信任值。

6.9　本　章　小　结

基于样本数据特征，本章采用分部完成的方法对合作社内部信任影响因素进行了全面分析。

(1)进行内部信任影响因素结构模型的构建及信任影响因素利克特量表的设计，进而对量表进行信度、效度分析及研究性因素分析，且对效度和相关进行了区别，在此基础上完成对结构方程的验证。本章研究结论如下：①

社员个体因素、其他社员因素、社长因素及合作社组织因素都能够对合作社内部信任产生影响，按影响大小排序为：社员个体因素＞社长因素＞其他社员因素＞合作社组织因素，进而对各因素产生影响的可测变量进行影响程度分析及排序，其中，社员个体因素相关的可测变量影响程度排序为：收入(0.811)＞熟悉度(0.717)＞信任倾向(0.707)。社长因素相关的可测变量的排序为：责任心(0.730)＞关心社员利益(0.720)＞管理与经营能力(0.688)。其他社员因素相关的可测变量影响程度排序为：声誉(0.846)＞正直(0.832)＞其他社员的能力(0.719)。合作社组织因素相关的影响程度可测变量排序为：市场竞争能力(0.855)＞外部扶持(0.772)＞组织机构健全(0.711)。②根据结构模型分析结果还可获得四大影响因素与各维度之间的关联效用。其中，关系信任影响因素按影响作用大小排序为：社长因素＞其他社员因素＞社员个体因素，合作社组织因素影响不显著。影响制度信任的四个因素按影响大小排序为：合作社组织因素＞社长因素，社员个体因素和其他社员因素影响不显著。

(2)对其他影响因素(学历、年龄、合作社依托单位、社长社会职务)进行了差异分析。相关分析结论为：社员学历因素对信任产生的影响程度不存在显著性差异。社员年龄因素对信任产生的影响程度存在显著性差异，信任水平随年龄的增长而提高。社长社会职务对信任产生的影响程度存在显著性差异，有社会职务的社长信任水平处于较高值。

第7章　农民合作社内部信任机制
优化的实现路径与保障措施

7.1　农民合作社内部信任机制优化的实现路径

7.1.1　合作社内部信任影响因素研究结论对信任机制优化的启迪

本书第 6 章在构建 SEM 的基础上，就合作社内部信任的影响因素进行了全面、深入的研究。本章以其研究成果为基础和导向，提出信任优化机制，具体如下。

1. 建立合作社内部教育和信息交流机制

当前，作为合作社最大群体的社员在关乎合作社制度方面的知识储备处于大规模匮乏的情况，导致其不能对合作社组织机构、原则、经营及管理机制充分了解，更为主要的是不能将自身的切身利益同合作社的发展绑定在一块，这会在很大程度上影响社员参与合作的主观能动性及社员综合能力的提升，同时使得合作社已建立的制度无法有效落实，体系无法有效运行。基于此，合作社应在制度体系中建立健全教育机制，从技术、管理、市场等方面进行全方位的知识培训，制订科学、合理的培训计划，并严格执行，以此来提升社员参与合作的主观能动性及综合能力，使其主动参与合作并有能力参与合作，实现社员与合作社共赢。除此之外，合作社作为社员联合、互助的团体，应致力于建立高效、便捷、充分的信息交流机制，实现社员之间、社员与管理层人员之间的联系和意见交流，其中比较典型的方法有财务透明化、问题公开化、会议制度规范化等，这有利于社员全面、及时知晓合作社经营管理全貌，提升社员主人翁责任意识，增强对管理层级人员的信任与理解。同时，这种信息交流机制还有利于管理层人员及时了解社员的真实需求，提升对社员服务的能力。

2. 搞好服务和经营，提高合作社服务质量和市场竞争力

农民合作社要满足成员需要，激发成员参与合作的积极性，以及提高组织绩效，必须不断完善服务功能，提高经营水平和盈利能力。首先，合作社应完善产品种类，拓宽销售渠道，开辟新的业务市场，做到产前、产中、产后全产业链覆盖；其次，合作社应积极参与市场竞争，注重成本核算，追求销售额高质量增长，做好市场营销，注重合作社品牌建设，结合市场实际，做好战略规划，努力实现产、加、销一体化经营目标。

3. 建立健全社员民主控制的治理结构

农民合作社要建立健全合作社的治理结构，其关键点在于对成员大会、理事会和经营者的权利与义务进行科学、合理的划分，划分的原则基于既要使社员的民主参与及管理的权利得到保障，又要使集体决策的效率及质量得到有效提升，以此来使合作社的经营范围逐步扩大、业绩稳步上升。首先，民主选举及民主决策制度要先行建立并完善，按照相关制度及流程通过民主选举的方式产生理事会和监事会；包括经营方针在内的各项重大事项则由召开社员大会或社员代表大会的方式进行决策，决策的方式采用一人一票制，并可以根据个人贡献大小将权重适当加减。其次，应把合作社更多的决策权赋予理事会，以有效提升经营效率。全体社员大会只就一些比较基本的问题进行决策，而理事会负责的范围涵盖相关政策制定及合作社的日常管理。考虑到理事会的重要效用，必须就其成员的选举及构成方式予以规定，包括：生产者类型的社员应该占据全部理事会社员的大部分，在中小农户中应选出一部分代表进入理事会，同时，理事会中不应出现政府部门人员等。再次，建立、执行及落实监督机制。例如，按合作社规模设立监事会，实行财务公开、社务公开等。最后，制定、执行及完善组织章程。组织章程应紧扣合作社自身实际，合作社重要事项在通过成员大会、理事会和经营者协商表决后应在组织章程中予以体现，包括股权设置、合作社的领导和管理机构、业务活动范围、生产经营项目的管理与实施、社员及其权利与义务、收益分配与风险承担原则及破产清算程序等。

4. 建立完善以惠顾返还为主的利益机制

农民合作社应注重社员利益诉求，使社员在合作过程中获得更多收益，把合作剩余更多地分享给社员。首先，在生产经营服务方面应给予合作社社员多种惠利条件，包括在产品购销价格上给予较大优惠；在信息及技术服务方面采

用无偿提供的方式；对社员的产品以保护价的方式收购；等等。其次，在经营盈余分配上建立基于惠顾额返还为主的相关制度。目前，农民合作社主要经营利润来源于向社员农户提供的服务，包括提供农产品的运输及销售服务、购销生产资料服务等，基于交易量（额）的分红方式能在很大程度上激发广大农户的积极性，使其对合作社的惠顾及贡献值显著提高，这种利益驱动机制能够促进合作社的良性发展，从这点出发，这种分红方式应该成为目前合作社的主流分配方式。与此同时，考虑到资本对于合作社的重大作用，合作社可让社员参股，以银行同等或略高利率给予其股份分红。此外，合作社应在资产及技术积累机制上建立并完善制度安排，以提升自我发展的能力及市场风险应对能力，通常采取的方式是提取一部分税后利润用于扩大生产经营规模。

7.1.2　合作社内部信任结构研究结论对信任机制优化的启迪

要使农民合作社内部信任结构趋于优化，应从调整合作社内部信任构成及强化合作社内部信任核心等方面来辩证实施。

1. 调整合作社内部信任构成

（1）在合作社内部制度信任建设方面下大功夫、大力气。制度信任在合作社内部信任结构中属于薄弱之处，如不予以调整加强，长此以往，会对合作社的持续健康运行产生较大影响，基于此，加强制度信任建设应作为合作社发展的第一要务。目前，普遍存在农民社员对合作社制度信任值偏低的现象，其本质原因还是农民社员在制度的了解上极度缺乏，对制度的认同感很低。要使农民的制度信任趋于强化，第一步是必须修订、完善《中华人民共和国农民专业合作社法》，并制订相应的配套法案作为支撑。合作社的组建运营要严格遵循这部法律的指导性原则，使生产运营趋于规范化。第二步要加大宣传力度，让农民社员全面、深入了解合作社相关知识，包括制度、文化等，提升社员的心理认同感及发展利益关联值。第三步，在合作社与社员之间存在的控制权、所有权及收益权的制度建立与执行中要做到妥善处理，切实维护好农民社员的权益。

（2）在合作社内部人际信任建设方面下大功夫、大力气。制度信任和人际信任两者在一定程度上存在替代关系，一方强可能会弱化另一方，应做好平衡。加强合作社人际信任建设要做好以下两点：首先，为社员搭建平台，营造良好的人际交往氛围，促进社员彼此之间，以及社员同合作社之间的沟通交流。其次，加强内部合作文化建设，使人际信任尽可能地转化为合作。

2. 强化合作社内部信任核心

领导者在合作社的发展战略中处于信任核心地位,其承担着指导合作社日常运作,创新管理理论及手段,传播与普及合作经济思想等职能。领导者在社员同合作社的合作中充当桥梁角色,将二者有效、紧密联系起来。在合作社内部信任结构中,领导者扮演着重要角色,社会对领导者的信任能够使合作社的内部凝聚力进一步增强,提升社员对合作社及社员彼此之间的信任水平,使信任结构趋于稳定态。一般来说,不论合作社现阶段是处于横向成长期还是处于纵向发展期,都要提升领导者的被信任值,提升团队凝聚力。这就要求领导者要具有全面、系统的经营管理知识及经验,并且善于与社员沟通交流,了解社员诉求,在领导者选拔时要以此为基准进行选拔。此外,要在社员培训方面加大投入力度,这能有效提高社员对于领导者及合作社的信任水平,同时也能够储备更多的领导者人才。

7.1.3　考虑信任的合作社绩效评估模型研究结论对信任机制优化的启迪

在对考虑信任因素的合作社绩效评估模型进行相关研究时,获得的研究结论是对隐性契约进行激励会有效提升社员对合作社会践行信任行为的信任水平。

为此,合作社需不断完善及扩展自身的功能属性。合作社作为社员自愿联合起来成立的一种经济组织,具有内外双重属性,对外倾向营利性,对内倾向服务性。合作社除对外追求经营利润最大化目标外,更重要的是要从社员利益出发,使合作社保持活力,帮助社员最大化实现其自身利益。这就要求合作社扩展自身功能属性,如大部分社员对于教育及养老问题很重视,合作社就可以对此做出许诺,在条件成熟时,建立内部幼儿园及养老保障制度等。这将会在很大程度上激励社员参与合作社的积极性,从而使合作社的绩效得到稳步提升,合作社效益变好后又可以加大经营资源投入及对社员的回馈力度,以此形成良性循环。

同时,合作社应构建并完善相应的声誉机制,声誉机制一旦完善,就能使合作社全体成员处于零容忍状态,从而使合作社减少显性契约的建立,社员主动遵守契约。同时,合作社还可以根据实际情况适当设置激励契约及收益分配契约等,并与隐性契约及显性契约有机结合,从而实现成本投入最小化、收益最大化的目标。

7.2 农民合作社内部信任机制优化的保障措施

7.2.1 政府加强管理，促进合作社内部有效合作

在研究合作社内部信任及合作交互对绩效所产生的影响时，其结果表明合作社绩效只有在实现有效合作的情境下才能保证持续高水平。同时，在研究合作社内部信任及治理模式交互对绩效所产生的影响时，其结果表明在合作社绩效提升的过程中，政府扮演着非常重要的角色，发挥积极助推效用促进合作社内部合作。基于此，各级政府应彻底改变以往粗放式的发展理念，不可只看重数量，而对质量缺乏重视。各级政府要把切实、有效实现社员增收及从根本上提升合作社自我发展的核心能力作为目标，明确自身的职能定位和合作社发展的指导思想，建立科学、完善的管理体制，实现工作方式灵活、有效，通过多种途径(含业务指导、政策支持、公共服务、法律保护及监督管理)建立政府帮扶及管理体系，为合作社健康发展保驾护航。

7.2.2 倡导大力发展企业主导型治理模式的合作社

在研究合作社内部信任及治理模式对绩效所产生的影响时，其结果表明合作社经营绩效在有政府作为依托的情况下水平较高，但是这种以政府作为主导型的合作社治理模式,管理者会将更多的关注点落到合作社的社会功能，追求的是实现社会价值最大的目标，从而在一定程度上忽视了合作社所应追求的经济价值。依据第3章的研究结论，社员加入合作社的根本目的就是追求经济利益最大化，与这种治理模式存在一定的矛盾。同时，合作社究其本质仍属于企业，企业要参与市场竞争，实现自我治理及自我发展。

基于合作社的发展状况及趋势，企业主导型的治理模式具有更明显的优势，如能够使合作社的市场竞争力大幅提升，实现品牌溢价等。但其也有不足之处，在这种模式下，存在两大参与主体，即企业社员及普通社员。其中，企业社员在包括资金、技术及信息等资源的获取上具有明显的优势，这使得两者在一开始就处于地位悬殊的境地，普通社员在参与权、知情权及收益权等方面难以得到有效的、公平的保障，而且企业是以获取利润为目标加入合作社的，在经营管理的过程中有可能出现以合作社之名行套取政府补贴之实等情况，最终使合作社社会价值受损。基于每种模式都会存在一定弊端的实

际，我们应建立制度动态优化机制，在内加强治理，在外依托政府有效监督，实时修订新的合作社法等。

7.3　本章小结

本章围绕对农民合作社内部信任机制优化的实现路径进行探究，在此基础上制定相应的保障措施。前者涵盖三条路径，分别为：合作社内部信任影响因素、内部信任结构及绩效评估模型构建相关研究结论。其中对第一条路径展开研究，可细分为四条支路，分别为：建立合作社内部教育和信息交流机制；搞好服务和经营，提高合作社服务质量和市场竞争力；建立健全社员民主控制的治理结构；建立完善以惠顾返还为主的利益机制。第二条路径可细分为两条支路，分别为：调整合作社内部信任构成；强化合作社内部信任核心。第三条路径为对隐性契约进行激励会有效提升社员对合作社会践行信任行为的信任水平。在此基础上本章提出扩展合作社的功能，根据实际情况适当设置声誉机制，与隐性契约及显性契约实现路径有机结合。

同时，本章在研究合作社内部信任及合作交互对绩效所产生的影响的相关研究结论的基础上，提出实施相应的措施使信任机制优化得到保障。主要包含两条措施：①建议政府加强管理，促进合作社内部有效合作。②基于合作社的发展状况及趋势，企业主导型的治理模式具有更明显的优势，政府应倡导大力发展企业主导型治理模式的合作社。

第8章　结论与展望

对于处于经济社会转型时期的我国农村社会来说，面对经济全球化和市场竞争日益激烈的现代经济，农民抱团以合作社形式进入市场不仅意味着一种农村产业组织形式的变化，也是农民在生产方式上超越传统农业生产，适应现代经济发展的迫切需要。

但是，从一定意义上讲，我们站在农民自愿合作经济行为的立场，系统地从信任视角来研究合作社绩效问题，只是得出了初步研究成果，有许多问题还有待我们进一步的努力。因此，本书的研究完全是"引玉之砖"。尽管如此，通过本书研究还是得出了一些有意义的结论，对于相关理论与实践具有一定的参考意义。然而，本书的研究还是存在许多问题，这也是笔者今后进行深入研究的方向。

8.1　本书的主要结论

(1)本书运用 SEM 分析内部信任对合作社整体绩效的影响，探析内部信任(关系信任、制度信任)对合作社绩效的作用比例，分析内部信任对合作社经济绩效和非经济绩效的影响。结果表明：①关系信任对合作社整体绩效的影响明显高于制度信任。由统计结果可知，关系信任、制度信任均与绩效具有正相关关系。制度信任对绩效影响比例为 0.119，远不如关系信任对绩效的影响比例 0.285。②关系信任对合作社非经济绩效的影响大于制度信任。由统计结果可知，关系信任与制度信任均与非经济绩效均具有正相关关系。关系信任对非经济绩效影响比例为 0.259，高于制度信任对非经济绩效的影响比例 0.182。③制度信任对合作社经济绩效的影响大于关系信任。由统计结果可知，不管是关系信任还是制度信任对合作社经济绩效均具有正相关关系。但是制度信任对经济绩效影响比例为 0.194，高于关系信任对经济绩效的影响比例 0.187。

(2)社员个体因素、其他社员因素、社长因素及合作社组织因素能够对合作社内部信任产生影响，按影响大小排序为：社员个体因素(0.259)>社长

因素 (0.237)>其他社员因素 (0.192)>合作社组织因素 (0.154)。进而对各因素产生影响的可测变量进行影响程度分析及排序,其中,社员个体因素相关的可测变量排序为收入 (0.811)>熟悉度 (0.717)>信任倾向 (0.707)。其他社员因素相关的可测变量排序为声誉 (0.846)>正直 (0.832)>其他社员的能力 (0.719)。社长因素相关的可测变量排序为责任心 (0.730)>关心社员利益 (0.720)>管理与经营能力 (0.688)。

(3)影响关系信任的四个因素按影响大小排序为:社长因素>其他社员因素>社员个体因素,合作社组织因素影响不显著。影响制度信任的四个因素按影响大小排序为:合作社组织因素>社长因素,社员个体因素和其他社员因素影响不显著。社员学历因素对信任产生的影响程度不存在显著性差异。社员年龄因素对信任产生的影响程度存在显著性差异,信任水平随年龄的增长而提高。社长社会职务对信任产生的影响程度存在显著性差异,有社会职务的社长信任水平处于较高值。

(4)构建了考虑信任的农民合作社绩效评估模型,通过分析后得到:要想社员充分相信合作社,关键在于隐性契约激励必须到位。同时还得到,如果把信任与机会主义成本隔离开来的话,那么事后采取信任行为的概率将直接决定隐性契约,假若预期合作社能够执行隐性契约激励的话,那么它实际被执行的可能性就会更高,同时所获得奖励金额也会越高。对于最优线性契约奖励而言,它主要是由先验概率决定的,两者呈正相关性。

(5)利用 CURVEFIT 模型的曲线估计构建了农民合作社内部信任水平与绩效的回归模型,即 $Y = 3.1458X^{-0.049}$ $(1 \leqslant X \leqslant 5)$。

(6)分析了内部信任与合作交互对农民合作社绩效的共同影响。结果表明,绩效受到合作正向影响显著,合作对绩效的作用程度为 0.241,内部信任对合作社社员合作行为有一定的调节效应,然而只有在有效合作的前提下,信任才会产生长远而高水平的绩效。

(7)研究了内部信任与治理模式交互对农民合作社绩效的影响,利用单因素检验得出治理模式对内部信任存在显著性差异,且依托单位为龙头企业的样本各维度得分最低。同时,初步得出企业主导型和政府主导型治理模式合作社的绩效水平与信任水平要比能人主导型的高。

8.2　本书存在的不足

本书选取合作社作为研究对象,探讨了内部信任与绩效之间的关系,但由于个人理论知识及实践经验不足，本书的分析还存在一定的不足之处，后续还需进一步完善。

8.2.1 理论研究方面的局限

(1)合作社绩效评估体系不够完善。考虑到农民加入合作社的动机及合作社绩效研究成果比较成熟，故只把合作社绩效归类为经济绩效与非经济绩效两类。合作社作为兼有企业与共同体双重属性的组织，不同发展周期、不同规模和不同组织战略目标下的合作社绩效具有不同的侧重点。另外，没有对合作社各种绩效之间的关系进行分析，绩效分类方法的科学性还有待时间的验证。

(2)合作社内部信任形成机理分析不够深入、系统。对于合作社内部信任的研究文献较少，并未形成一个有效的体系，本书仅仅只是对合作社的内部信任及其结构特征问题，以及结构产生的诱因进行研究。然而若要为农民合作社内部信任优化所面临的深层次问题提供实现路径依据，需要更多的理论支撑。在内部信任内因及外因及其相互关系的探讨上，也只是在借鉴前人研究结论基础上加上个人的理解，囿于学识之浅，困于手笔之拙，可能有些想法不是很成熟，这个问题也需要进行专题性的研究。

(3)缺乏针对不同治理模式下合作社内部信任与绩效之间关系的具体研究。基于数据匮乏的限制，本书只是简单地对不同治理模式下的合作社内部信任水平及绩效进行比较分析。后期补充数据后会基于委托代理理论，构建合作社管理者与社员之间的多阶段动态非合作博弈模型，采取逆序归纳法求解模型，观察不同治理模式和发展阶段下合作社内部信任水平和绩效的内在关联性，博弈树如图 8-1 所示。值得注意的是，该模型中的内部信任将采用信任的其中一个发展阶段来表示，该模型可以初步表示为

$$\pi^\tau = f(\delta_i, \mathrm{CI}_i, b_\tau, \varepsilon) \qquad (8\text{-}1)$$

当 $\tau = c, m$ 时，π^τ 分别为合作社管理者和社员的所得；δ_i 为合作社治理模式，CI_i 为该治理模式下的内部信任水平；当 $\tau = c, m$ 时，b_τ 分别为合作社领导者和社员的行为；ε 为其他干扰项因素。

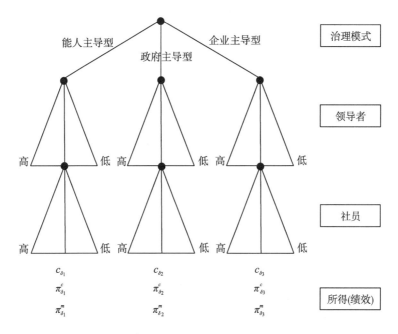

图 8-1　不同治理模式下内部信任对合作社绩效影响的博弈树

8.2.2　经验实证和数据验证研究方面的局限

(1)受到时间及条件的限制，本书研究缺乏跨时间的动态数据。因为研究实验条件的限制，笔者的调查数据都是临时性的实地调研，没有长期合作的调研基地，所以所能获得的数据基本上是截面数据，从而在实证方法上多采用多元统计的理论模型进行分析，没有机会应用动态的时间序列模型进行动态的拟合估计，结论缺乏时间上的动态规律性。

(2)本书在问卷设置上还需要进一步完善。考虑到我国农民合作社还处于发展的初级阶段，发展时间短，运行不规范，统计资料匮乏，加之社员总体素质不高，问卷多以利克特量表为主，而这种量表的选择结果或多或少带有一定的主观色彩。例如，在实地调研过程中发现：如果是社长或其他领导者向我们推荐社员填写问卷时，大多数情况下会推荐跟他们关系相对较好的社员。如何使问卷结果更客观也是将来要完善的一大任务。除此之外，绩效问卷采取的是套卷形式，在进行总的绩效数据处理时可能所设权重不是很合理，如何设置既能反映社员收益，又能反映组织收益，同时又比较客观、科学的绩效问卷也是将来需要完善的地方。

(3)回归模型还需要进一步完善。利用 CURVEFIT 模型的曲线估计分析内部信任与绩效回归方程时，只是按照模型拟合度的标准选择系统中给定的回归方程。然而可能存在比已选定模型拟合度更好的函数，只是它没有出现在 SPSS 系统中。

8.3　进一步研究的展望

就本书已有的研究而言，如何从成本视角将合作社内部信任与绩效问题的研究深化、系统化是笔者一直在思考的问题，初步计划从以下方向入手。

(1)有计划、分步骤地对不同经营形式的合作社(如养殖、种植、加工、销售等)进行专题和比较研究，为不同经营形式的合作社发展提供理论指导。

(2)补充实证研究中，在以后研究中定点安排一些长期合作的合作社基地，每年获取一次数据，形成动态性的时间序列数据，利用动态性数据将合作社内部信任与绩效的相关研究结论进行重新估计，在实践中重新检验、修正和提炼，以便建立符合实际情况，尤其是我国合作社发展国情的创新理论。

(3)针对不同阶段的合作社内部信任与绩效进行研究。考虑到所调研的合作社大多处于引入末期及发展初期，阶段性不是很明显，没有进行这方面的探索。然而由研究结论可知，信任是一个动态的过程，而合作社的发展也是一个动态的过程，它也像其他企业一样，有自己的生命周期。那么在不同的生命周期阶段所反映出的信任会有所不同，对绩效的影响也应不同，而这种影响会呈现什么样的演进规律还无从所知，尚需进一步研究。

参 考 文 献

艾睿楠. 2015. 中国企业"走出去"的区域格局分析. 管理观察, 1: 53, 54, 56.

波蒂特 A R, 詹森 M A, 奥斯特罗姆 E. 2013. 共同合作——集体行为、公共资源与实践中的多元方法. 路蒙佳译. 北京: 中国人民大学出版社.

蔡起华, 朱玉春. 2015. 社会信任、关系网络与农户参与农村公共产品供给. 中国农村经济, 7: 57-69.

陈福平. 2012. 市场社会中社会参与的路径问题——关系信任还是普遍信任. 社会, 2: 84-104.

陈共荣, 沈玉萍, 刘颖. 2014. 基于 BSC 的农民专业合作社绩效评价指标体系构建. 会计研究, 2: 64-70, 95.

陈介玄, 高承恕. 1991. 台湾企业运作的社会秩序——人情关系与法律. 东海学报, 32: 219-232.

陈俊梁. 2010. 农民合作社治理结构研究. 安徽农业大学学报(社会科学版), 4: 6-9.

陈立旭. 2007. 信任模式、关系网络与当代经济行为——基于浙江区域文化传统的研究. 浙江社会科学, 7: 54-59.

陈莎, 陈灿. 2013. 生命周期视角下农民合作社的信任问题研究——基于胜利果乡农民合作社的案例分析. 南方农村, 11: 52-58.

陈叶烽, 叶航, 汪丁丁. 2010. 信任水平的测度及其对合作的影响——来自一组实验微观数据的证据. 管理世界, 4: 54-64.

陈阅, 时勘, 罗东霞. 2010. 组织内信任的维持与修复. 心理科学进展, 18(4): 664-670.

陈占夺, 李欣. 2015. 基于利益相关者视角的农民合作社发展分析——以朝阳市有机杂粮专业合作社为例. 农业部管理干部学院学报, 6: 45-50.

程克群, 孟令杰. 2011. 农民专业合作社绩效评价指标体系的构建. 经济问题探索, 3: 70-75.

程令国, 张晔. 2012. "新农合": 经济绩效还是健康绩效?. 经济研究, 1: 120-133.

初浩楠. 2010. 信任建立与控制成本的经济学分析. 经济师, 11: 27-29.

崔宝玉. 2015. 农民合作社的治理逻辑. 华南农业大学学报(社会科学版), 2: 9-19.

崔宝玉, 简鹏, 刘丽珍. 2017. 农民专业合作社绩效决定与"悖论"——基于 AHP-QR 的实证研究. 农业技术经济, 1: 109-123.

崔宝玉, 简鹏, 王纯慧. 2016. 农民合作社: 绩效测度与影响因素——兼析我国农民合作社的发展路径. 中国农业大学学报(社会科学版), 33(4): 106-115.

崔晓红, 张玉鑫. 2017. 浅析新型农业合作社的性质与法律地位. 农业经济, 1: 56-58.

党兴华, 孙永磊, 宋晶. 2013. 不同信任情景下双元创新对网络惯例的影响. 管理科学, 26(4): 25-34.

丁建军. 2010. 对农民合作社内部治理几个问题的思考——基于湖北省荆门市农民合作社的调查. 农村经济, 3: 116-118.

董晓波. 2010. 农民专业合作社高管团队集体创新与经营绩效关系的实证研究. 农业技术经济, 8: 117-122.

杜艳萍, 王奎武. 2012. 农民合作社发展中的信任问题研究. 农业科技管理, 31(6): 62-64.

段利民, 霍学喜. 2012. 我国农民合作社国内研究文献综述. 技术经济与管理研究, 3: 91-95.

范远江, 杨贵中. 2011. 民专业合作社绩效评价研究范式解析. 经济纵横, 1: 58-61.

房莉杰. 2009. 制度信任的形成过程——以新型农村合作医疗制度为例. 社会学研究, 2: 130-148.

费孝通. 1998. 乡土中国. 北京: 北京大学出版社.

冯兰刚. 2014. 李东娇. 钢铁产业生态经济绩效文献综述. 河北经贸大学学报(综合版), 14(3): 85-88.

冯立莎, 郭丽华. 2013. 河北省农民专业合作社绩效评价体系的构建. 商业会计, 1: 53-54.

符少玲, 孙良媛. 2008. 基于风险因子的农产品供应链合作绩效优选研究. 华南农业大学学报(社会科学版), 7(2): 46-52.

甘林针, 程荣竺. 2016, 农民专业合作社社员间信任程度与合作满意度的灰色关联分析. 现代农业科技, 14: 290-292.

高杰英. 2013. 信任研究的经济学视角: 一个文献综述. 经济学家, 4: 100-104.

宫哲元. 2014. 论农民专业合作社的性质、作用和研究范式. 社会科学论坛, 1: 230-234.

龚天平, 窦有菊. 2007. 西方企业伦理与经济绩效关系的研究进展. 国家社会科学, 6: 36-42.

龚云松. 2014. 农民对专业合作社的信任问题研究. 经济研究导刊, 16: 46-52.

顾江洪. 2013. 信任与经济增长——基于分工和交易的视角. 北京: 经济科学出版社.

桂河, 霍鑫 N, 尚海成, 等. 2013. 农民专业合作社节约交易成本模型的构建与实证研究——以新疆和静县为例. 青岛农业大学学报(社会科学版), 25(1): 21-26.

郭红东, 杨海舟, 张若健. 2008. 影响农民合作社社员对社长信任的因素分析——基于浙江省部分社员的调查. 中国农村经济, 8: 52-60.

韩平, 苣东元, 甘立林. 2010. 组织中领导者价值观与员工信任关系的实证研究. 华东经济管理, 9: 122-124, 127.

韩翼. 2008. 信任、绩效评估与最优激励契约. 中南财经政法大学学报, 5: 86-91.

何可, 张俊飚, 张露, 等. 2015. 人际信任、制度信任与农民环境治理参与意愿——以农业废弃物资源化为例. 管理世界, 5: 75-88.

贺庆功. 2009. 农民和农民专业合作社信任机制培养. 中国农民合作社, 7: 50-51.

洪远朋. 1996. 合作经济的理论与实践. 上海: 复旦大学出版社.

胡必亮. 2004. 村庄信任与标会. 经济研究, 10: 115-125.

胡平波. 2014. 农民专业合作社企业家能力与其影响因素的实证研究. 经济经纬, 2: 32-37.

胡新艳. 2013. "公司+农户": 交易特性、治理机制与合作绩效. 农业经济问题, 10: 83-111.

黄飞. 2016. 农民合作社综合绩效评价体系设计. 农业经济, 7: 59-60.

黄家亮. 2012. 乡土场域的信任逻辑与合作困境: 定县翟城村个案研究. 中国农业大学学报(社会科学版), 1: 81-92.

黄珺. 2009. 信任与农户合作需求影响因素分析. 农业经济问题, 8: 45-49.

黄珺. 2011. 中国农民合作经济组织形成机理与治理机制研究. 长沙: 湖南大学出版社.

黄胜忠. 2008. 转轨时期农民合作社的成长机制研究. 经济问题, 1: 87-90.

黄胜忠. 2014. 利益相关者集体选择视角的农民合作社形成逻辑、边界与本质分析. 中国农村观察, 2: 18-25.

黄胜忠. 2015. 关于《农民专业合作社法》修订完善的几点思考. 中国农民合作社, 3: 29-32.

黄胜忠, 林坚, 徐旭初. 2008. 农民合作社治理机制及其绩效实证分析. 中国农村经济, 3: 65-73.

黄彦博. 2012. 基于信任与绩效的图书馆联盟成员合作机制研究. 图书馆学研究, 4: 87-89.

黄永利, 高建中. 2013. 农民专业合作社管理者能力与绩效的相关性分析. 贵州农业科学, 41(4): 199-201.

黄再胜. 2004. 企业主观业绩评价理论及其发展. 外国经济与管理, 26(8): 19-24.

黄祖辉, 邵科. 2010. 基于产品特性视角的农民合作社组织结构与运营绩效分析. 学术交流, 7: 91-96.

黄祖辉, 吴彬, 徐旭初. 2014. 合作社的"理想类型"及其实践逻辑. 农业经济问题, 10: 8-16.

黄祖辉, 徐旭初. 2006. 基于能力和关系的合作社治理——对浙江省农民专业合作社治理结构的解释. 浙江社会科学, 1: 60-66.

黄祖辉, 赵兴泉, 赵铁桥. 2009. 中国农民合作经济组织发展: 理论、实践与政策. 杭州: 浙江大学出版社.

江维国, 李立清. 2014. 农民合作社的机制与效率. 开放导报, 4: 97-100.

凯莫勒 C F, 罗文斯坦 C, 拉宾 M. 2010. 行为经济学新进展. 贺京同, 译. 北京: 中国人民大学出版社.

孔荣, Turvey C G, 霍学喜. 2009. 信任、内疚与农户借贷选择的实证分析——基于甘肃、河南、陕西三省的问卷调查. 中国农村经济, 11: 50-59.

孔祥智. 2016. 农业供给侧结构性改革的基本内涵与政策建议. 改革, 2: 104-115.

李彬, 史宇鹏, 刘彦兵. 2015. 外部风险与社会信任: 来自信任博弈实验的证据. 世界经济, 4: 146-167.

李道和, 陈江华. 2014. 农民专业合作社绩效分析——基于江西省调研数据. 农业技术经济, 12: 65-75.

李东升. 2010. 权力结构、信任机制与企业治理模式的演进. 经济学家, 11: 44-50.

李飞星. 2012. 基于意识形态契约信任的农民合作社研究——以海水珍珠产业为例. 南方农村, 8: 54-59.

李洪涛, 孙元欣. 2013. 信任、合作与组织绩效. 现代管理科学, 3: 21-22.

李慧雯. 2016. 农民资金合作社的组织性质及其监管框架. 知识经济, 11: 5-6.

李昆. 2004. 重释农业合作社存在与发展的内在动因. 农村经济, 1: 16-18.

李琳. 2010. 信任、交易成本与企业绩效来自中国上市公司的经验证据. 上海: 上海财经大学出版社.

李晓红, 周文. 2009. 论制度的性质. 云南财经大学学报, 2: 29-35.

李晓锦, 刘易勤. 2015. 农民合作社内部信任与合作形成的关系基础研究——基于浙江省的实证分析. 财经论丛, 5: 83-89.

李新春. 2003. 信任与企业成长方式的相机选择. 经济体制改革, 1: 51-55.

李新曼, 周静, 孙若愚. 2012. 农民专业合作社绩效评价体系建立探讨——基于对辽宁省东部调研的实证分析. 中国乡镇企业, 1: 93-96.

李燕. 2002. 论诚信制度及其社会人文原则. 管理世界, 10: 51-56.

李燕, 秦开银, 杜荣. 2010. 临时团队中知识共享对快速信任与绩效关系的调节作用研究. 管理学报, 7(1): 98-110.

李长伟. 2012. 成本、信任与共同体的教化——对见义不为现象的一种分析. 湖南师范大学教育科学学报, 11(5): 5-9.

梁剑峰, 李静. 2015. 农民合作社法人治理结构的冲突与优化. 经济问题, 1: 105-108.

梁巧. 2011. 关于合作社研究的理论和分析框架: 一个综述. 经济学家, 12: 77-85.

梁小民. 1995. 经济学发展轨迹——历届诺贝尔经济学奖获得者述要. 北京: 人民日报出版社.

廖媛红. 2011. 农民专业合作社的内部社会资本与绩效关系研究. 农村经济, 7: 126-130.

廖媛红. 2013a. 农民合作社的内部信任、产权安排与成员满意度. 西北农林科技大学学报(社会科学版), 5: 48-62.

廖媛红. 2013b. 制度因素与农村公共品的满意度研究. 经济社会体制比较, 6: 121-132.

林炳坤, 吕庆华. 2015. 创意农业合作绩效实证研究. 山西财经大学学报, 37(3): 70-81.

刘滨, 陈池波, 杜辉. 2009. 农民合作社绩效度量的实证分析——来自江西省 22 个样本合作社的数据. 农业经济问题, 2: 90-95.

刘凤委. 2009. 信任、交易成本与商业信用模式. 新华文摘, 21: 130-133.

刘和东, 钱丹. 2016. 产学研合作绩效的提升路径研究——以高新技术企业为对象的实证分析. 科学学研究, 34(5): 704-712.

刘洁, 祁春节, 陈新华. 2016. 制度结构对农民合作社绩效的影响——基于江西省 72 家农民合作社的实证分析. 经济经纬, 33(2): 36-41.

刘进, 翟学伟. 2007. 信任与社会和谐: 一个研究理路的展开. 天津社会科学, 5: 62-66.

刘婧. 2014. 农民合作社的规模经济和范围经济研究. 北京: 经济科学出版社.

刘胜春, 王永伟, 李婷. 2015. "关系"对合作社供应链绩效的影响——来自农业领域的证据软科学, 29(2): 86-89.

刘文, 贾宪威, 袁林. 2011. 四川省农民合作社财务绩效评价体系调查. 四川农业大学学报, 29(1): 129-135.

刘亚, 刘文丽, 卿琛. 2016. 农民合作社运行及绩效评价文献综述. 中国集体经济, 1: 21-22.

刘宇翔. 2011. 农民合作组织中信任机制的研究. 安徽农业科学, 39(10): 6200-6203.

刘宇翔. 2012. 农民合作社发展中信任的影响因素分析——以陕西省为例. 农业经济问题, 9: 64-69.

罗颖玲, 李晓, 杜兴端. 2014. 农民专业合作社综合绩效评价体系设计. 农村经济, 2: 117-120.

吕春晓, 常建平. 2000. 组织绩效、信任与成本. 西安电子科技大学学报(社会科学版), 10(4): 53-57.

马得勇. 2008. 信任、信任的起源与信任的变迁. 开放时代, 4: 72-86.

马俊驹. 2007. 立法为合作社发展提供更大空间. 中国合作经济, 1: 50-51

马彦丽. 2012. 论中国农民合作社的识别和判定. 中国农村观察, 3: 65-71.

梅付春, 刘福建, 杨明忠. 2010. 阳市农民专业合作经济组织运行绩效评价. 河南农业科学, 3: 124-127.

倪细云. 2013. 基于生命周期视角的农民合作社发展策略选择. 企业管理, 1: 94-96.

潘文安, 骆李佳. 2013. 中小企业技术联盟成员之间信任、关系承诺与合作绩效——基于浙江地区产业集群实证研究. 科技管理研究, 3: 175-179.

秦德智, 姚岚, 邵慧敏. 2016. 基于现代企业制度的农民专业合作社治理研究. 经济问题探索, 4: 150-155.

秦开银,杜荣,李燕.2010.临时团队中知识共享对快速信任与绩效关系的调节作用研究.管理学报,7(1):98-110.

卿玲丽,屈静晓,刘文丽,等.2016.农民合作社生态绩效评价研究——基于长沙10家种植专业合作社的调查.中南林业科技大学学报,36(3):141-146.

冉赤农,霍学喜.2012.杨凌农民专业合作社绩效研究.经济研究导刊,26:2-95.

邵科,黄祖辉.2014.农民专业合作社成员参与行为、效果及作用机理.西北农林科技大学学报(社会科学版),6:45-50.

邵科,徐旭初.2013.合作社社员参与:概念、角色与行为特征.经济学家,1:85-92.

什托姆普卡P.2005.信任:一种社会学理论.程胜利,译.北京:中华书局.

施晟,卫龙宝,伍骏骞.2012."农超对接"进程中农产品供应链的合作绩效与剩余分配——基于"农户+合作社+超市"模式的分析.中国农村观察,4:14-96.

宋金田,祁春节.2011.交易成本对农户农产品销售方式选择的影响——基于对柑橘种植农户的调查.中国农村观察,5:33-44.

孙亚范,余海鹏.2012.农民合作社合作意愿及其影响因素分析.中国农村经济,9:48-58.

孙艳华.2014.农民合作社社员信任关系研究——基于湖南省生猪行业的调研与分析.农业经济问题,7:68-75.

孙艳华,刘乐英.2013.农民专业合作社绩效研究综述.湖北经济学院学报,6:96-100.

孙艳华,禹城荣.2014.农民合作社社员信任关系研究——基于湖南省生猪行业的调研与分析.农业经济问题,7:68-75.

孙艳华,周力,应瑞瑶.2014.农民合作社增收绩效研究——基于江苏省养鸡农户调查数据的分析.南京农业大学学报(社会科学版),7(2):22-27.

谭启平.2005.论合作社的法律地位.现代法学,8:49-54.

谭智心,孔祥智.2012.不完全契约、内部监督与合作社中小社员激励——合作社内部"搭便车"行为分析及其政策含义.中国农村经济,7:17-28.

田俊峰,蔡红云.2011.信任模型现状及进展.河北大学学报(自然科学版),31(5):556-560.

万江红,耿玉芳.2015.合作社的人际信任和系统信任.农业经济问题,7:80-87.

王芳,过建春.2011.发展农民专业合作经济组织促进新型农业社会化服务体系建设——以香蕉产业为例.学会,1:31-36.

王飞雪,山岸俊男.1999.信任的中、日、美研究比较.社会科学研究,2:67-82.

王飞雪,杨宜音.1999."自己人":信任构建过程的个案研究.社会学研究,2:38-52.

王晖.2011.信任的影响因素分析.经济研究导刊,24:281-283.

王建民.2005.转轨时期中国社会的关系维持——从"熟人信任"到"制度信任".社会学研究,6:165-168.

王静,霍学喜.2011.交易成本对农户要素稀缺诱致性技术选择行为影响分析——基于全国七个苹果主产省的调查数据.中国农村观察,5:20-32,55.

王立平,张娜,黄志斌.2008.农民专业合作经济组织绩效评价研究.农村经济,3:124-126.

王敏,高建中.2014.农民对专业合作社信任成本的维度关系研究.世界农业,9:30-35.

王姝. 2009. 以人为本的价值取向及实践对策. 党史文苑, 3: 32-33.

王松, 盛亚. 2013. 不确定环境下集群创新网络合作度、开放度与集群增长绩效研究. 科研管理, 34(2): 2-61.

王图展. 2016. 农民合作社议价权、自生能力与成员经济绩效——基于 381 份农民合作社调查问卷的实证研究. 中国农村经济, (1): 53-68.

王文胜. 2009. 居民信任水平的城乡差异分析. 中央财经政法大学学报, 3: 68-72.

王艳林. 2001. 市场交易的基本原则——《中国反不正当竞争法》第 2 条第 1 款释论. 政法论坛(中国政法大学学报), 6: 41-49.

王颖. 2016. 家族企业中的人际信任与制度信任——以荣家企业为中心. 江西财经大学学报, 2: 90-99.

王愚, 徐春林, 达庆利. 2007. 利他、公平和信任等因素对合作的影响. 东南大学学报(自然科学版), 5: 527-530.

危朝安. 2008. 危朝安副部长在农业部财务工作会议上的讲话. 中国农业会计, 6: 4-8.

卫国强, 高建中. 2013. 农民自身因素对合作社情感信任的相关性. 贵州农业科学, 41(3): 186-188.

文建东, 何立华. 2010. 中国"信任之谜"及其解释. 经济科学, 3: 73-83.

吴俣丹. 2015. 论制度信任的类型及发生机制. 教育评论, 12: 50-53.

武志伟, 陈莹. 2010. 关系公平、企业间信任与合作绩效——基于中国企业的实证研究. 科学学与科学技术管理, 31(11): 143-149.

夏凤. 2015. 利益相关者与农民合作社的利益关系和诉求分析. 农业经济, 7: 25-26.

夏纪军, 张来武, 雷明. 2003. 利他、互利与信任. 经济科学, 4: 95-108.

肖端. 2016. 不完全契约视野的农民合作社组织绩效比较及其提升策略. 宏观经济研究, 5: 128-138.

辛自强, 辛素飞. 2014. 被信任者社会身份复杂性对其可信性的影响. 心理学报, 46(3): 415-426.

徐虹, 林钟高, 吴玉莲. 2009. 内部控制治理契约: 一个理论框架——从交易成本、信任与不确定性的组织内合作的角度分析. 审计与经济研究, 24(2): 81-88.

徐健. 2014. 契约型农产品交易关系稳定性——基于渠道行为视角的研究. 北京: 经济科学出版社.

徐旭初. 2009. 农民合作社绩效评价体系及其验证. 农业技术经济, 4: 11-19.

徐旭初. 2012. 厘清合作社发展内核. 农村经营管理, 8: 23.

徐旭初, 吴彬. 2010. 治理机制对农民合作社绩效的影响——基于浙江省 526 家农民合作社的实证分析. 中国农村经济, 5: 43-55.

徐旭初, 吴彬, 应丽. 2013. 农民合作社财务绩效的影响因素分析——基于浙江省 319 家农民合作社的实地调查. 西北农林科技大学学报(社会科学版), 13(6): 20-26.

徐旭初, 周晓丽. 2011. 基于社员角度的农民合作社内部信任的影响因素研究. 商业现代化, 16: 104-105.

薛天山. 2002. 人际信任与制度信任. 青年研究, 6: 15-19.

杨灿君. 2010. 合作社中的信任建构及其对合作社发展的影响——基于浙江省 Y 市农民合作社的实证研究. 南京农业大学学报(社会科学版), 4: 121-127.

杨丹. 2015. 农民合作经济组织促进农业分工和专业化发展研究. 北京: 科学出版社.

杨海舟. 2008. 影响社员对舍长信任的因素研究——基于浙江省若干农民合作社的调查. 浙江: 浙江大学

管理学院.

杨坚白. 1990. 一门新兴经济学科的兴起——评《合作经济学概论》. 经济学动态, 9: 79-80.

杨柳, 高建中. 2014. 基于信任成本的社员对合作社信任的影响研究. 黑龙江农业科学, 10: 40-143.

杨瑞龙. 2002. 关于诚信的制度经济思考. 中国人民大学学报, 5: 8-14.

杨缨. 2014. 信任视角下社会资本的界定、测度与验证——以中国上市家族企业为样本. 北京: 经济科学
  出版社.

杨中芳, 彭泗清. 1999. 中国人人际信任的概念化: 一个人际关系的观点. 社会学研究, 2: 1-21.

姚开建, 梁小民. 2005. 西方经济学名著导读. 北京: 中国经济出版社.

尹贻林, 徐志超. 2014. 信任、合作与工程项目管理绩效关系研究——来自承发包双方独立数据的证据. 建
  筑业工程与管理, 19(4): 81-91.

尤斯拉纳 E M. 2001. 信任的道德基础. 张敦敏译. 北京: 中国社会科学出版社.

于桂兰, 姚军梅, 张蓝戈. 2017. 家长式领导、员工信任及工作绩效的关系研究. 东北师范大学学报(哲学
  社会科学版), 2: 125-129.

臧旭恒, 高建刚. 2007. 信任关系的不完全信息动态博弈模型. 重庆大学学报(社会科学版), 4: 22-27.

曾贱吉, 胡培, 蒋玉石. 2011. 企业员工组织信任影响因素的实证研究. 技术经济与管理研究, 8: 66-69.

翟学伟. 2008. 信任与风险社会——西方理论与中国问题. 社会科学研究, 4: 123-128.

张彪, 叶得明. 2012. 农民专业合作社竞争力测评分析. 广东农业科学, 17: 217-220.

张兵, 郁胜国, 孟德锋. 2008. 江苏苏北农民专业合作组织绩效评价. 福建农林大学学报(哲学社会科学
  版), 2: 50-53, 86.

张翠莲, 赵伦, 韩亦. 2014. 农民合作社: 利益、博弈与互惠规范分析. 商业研究, 1: 152-157.

张晋华, 冯开文, 黄英伟. 2012. 农民合作社对农民增收绩效的实证研究. 中国农村经济, 9: 4-12.

张静. 1997. 信任问题. 社会学研究, 3: 84-87.

张俊浩. 2000. 市场制度与中国大陆的私法. 政法论坛: 中国政法大学学报. 6: 34-39.

张康之. 2008. 论信任、合作以及合作制组织. 人文杂志, 2: 53-58.

张连营, 张振. 2013. 基于合作绩效影响差异的集成管理团队关键指标分析. 科学学与科学技术管理,
  34(7): 166-172.

张维迎. 2003. 信息、信任与法律. 北京: 生活·读书·新知三联书店.

张维迎, 柯荣住. 2002. 信任及其解释: 来自中国的跨省调查分析. 经济研究, 10: 59-70.

张旭梅, 陈伟. 2009. 供应链企业间基于信任的知识获取和合作绩效实证研究. 科技管理研究, 2: 174-185.

张旭梅, 陈伟. 2011. 供应链企业间信任、关系承诺与合作绩效——基于知识交易视角的实证研究. 科学学
  研究, 29(12): 1865-1874.

张艳春. 2012. 信任缺失制约农民合作社的发展分析. 农业经济, 12: 38-39.

张艳辉. 2005. 对保险业客户满意度、信任度与关系承诺的实证分析. 经济科学, 6: 113-123.

张云武. 2009. 不同地区规模居民的人际信任与社会交往. 社会学研究, 4: 112-132.

张之的, 邓俊淼. 2016. 农民专业合作社财务绩效影响因素研究——基于河南省 115 家农民合作社的经验
  数据. 财会通讯, 21: 113-116.

赵佳荣. 2010. 农民专业合作社"三重绩效"评价模式研究. 农业技术经济, 2: 119-127.

赵西萍, 杨扬, 辛欣. 2008. 团队能力、组织信任与团队绩效的关系研究. 科学学与科学技术管理, 2: 155-159.

郑伯壎. 1999. 企业组织中上下属的信任关系. 社会学研究, 23(2): 22-37.

郑少红, 刘淑枝. 2012. 农民专业合作社运营绩效评价——以福建省为例. 技术经济, 9: 82-87.

郑也夫. 2011. 信任论. 北京: 中国广播电视出版社.

钟敏, 王志娟. 2016. 资产专用性投资对渠道合作绩效影响的实证研究——基于农民合作社的视角. 物流科技, 1: 133-136.

仲亮, 高建中. 2013. 入社动机视角下农民专业合作社的发展现状与对策. 南方农业学报, 44(4): 707-711.

周生春, 杨缨. 2011. 信任方式的起源和中国人信任的特征. 浙江大学学报(人文社会科学版), 41(1): 169-177.

周晓东. 2013. 农民专业合作经济组织: 治理机制与变迁逻辑. 改革与战略, 10: 67-70.

周晓丽. 2011. 产业集聚困境研究: 回顾与展望. 经济评论, 2: 145-151.

左云鹤. 2010. 论农民专业合作社的性质. 长春师范学院学报(人文社会科学版), 2: 44-48.

Allister M C. 1995. Cognition-based trust interpersonal cooperation organizations. Management Journal, 2(38): 24-59.

Argyris C. 1997. Double loop learning in organizations. Harvard Business Review, 55(5): 115-129.

Aric R. 2000. Organizational trust and interfirm cooperation: an examination of horizontal versus vertical alliances. Marketing Letters, 11(1): 81-95.

Baker G, Gibbons R, Murphy K J. 1994. Quarterly. Journal of Economics, 10(9): 1125-1156.

Balliet D, Paul A M, Lange V. 2013. Trust, conflict, and cooperation: a meta-analysis. Psychological Bulletin, 139(5): 90-1112.

Baourakis G, Kourgiantakis M. 2002. The impact of e-commerce on agro-food marketing: the case of agricultural cooperatives, firms and consumers in Crete. British Food Journal, 104(8): 580-590.

Bialoskorski N S, Barroso M F G, Rezende A J. 2012. Co-operative governance and management control systems: an agency costs theoretical approach. Brazilian Business Review, 9(2): 68-87.

Butler J K. 1991. Toward understanding and measuring conditions of trust: evolution of a conditions of trust inventory. Journal of Management, 17(3): 643-663.

Butler J K, Canterll R S. 1984. A behavioral decision theory approach to modeling dyadic trust in superiors and subordinates. Psychological Reports, 55(1): 19-28.

Campbell D. 2008. On "the street" and in cyberspace, rural cooperatives still spreading word about power of co-op business. Rural Cooperatives, 8: 20-30.

Candace E Y, Thomas A T. 2009. The evolution of trust in information technology alliances. Joural of High Technology Management Research, 20: 62-74.

Carpentera J P, Daniere A G, Takahashi L M. 2004. Cooperation, trust, and social capital in Southeast Asian urban slums. Journal of Economic Behavior and Organization, 55: 533-551.

Carroll G R, Goodstein J, Gyenes A. 1988. Organizations and the state: effects of the institutional environment on agricultural cooperatives in Hungary. Administrative Science Quarterly, 32(2): 233-256.

Casimir G, Lee K, Loon M. 2012. Knowledge sharing: influences of trust, commitment and cost. Journal of Knowledge Management, 16(5): 740-753.

Chaddad F R, Cook M L, Heckelei T. 2005. Testing for the presence of financial constraints in US agricultural cooperatives: an investment behaviour approach. Journal of Agricultural Economics, 56(3): 385-397.

Chaddad F, Iliopoulos C. 2013. Control rights, governance, and the costs of ownership in agricultural cooperatives. Agribusiness, 29(1): 3-22.

Christophe B, Serden Özcan. 2014. Why do cooperatives emerge in a world dominated by corporations?The diffusion of cooperatives in the U. S bio-ethanol industry, 1978–2013. Academy of Management Journal, 57(4): 990-1012.

Cicks A, Shawn LB, Jones T M. 1999. The structure of optimal trust: moral and strategic implications. Cademy of Management Review, 124(1): 99-116.

Clegg J. 2006. Rural cooperatives in China: policy and practice. Journal of Small Business and Enterprise Development, 13(2): 219-234.

Coase R H. 1937. The nature of the firm. Economics, 4(16): 386-405.

Coletti A L, Sedatole K L, Towry K L. 2005. The effect of control systems on trust and cooperation in collaborative environments. The Accounting Review, 80(2): 477-500.

Cook J, Wall T. 1980. New work attitude measures of trust, organizational commitment and personal need non-fulfilment. Journal of Occupatioal Psychology, 53: 39-52.

Cook M L. 1994. The role of management behavior in agricultural cooperatives. Journal of Agricultural Cooperation, 1: 43-58.

Cook M L. 1995. The future of U. S. agricultural cooperatives: a neo-institutional approach. American Journal of Agricultural Economics, 77(5): 1153-1159.

Cook M L. 2014. Stakeholder participation in co-operative governance in US agricultural co-operatives. Co-operative Innovations in China and the West, 2: 98.

Cox J C. 2004. How to identify trust and reciprocity. Games and Economic Behavior, 46: 181-260.

Crawford S E, Ostrom E. 2005. A grammar of institutions. American Political Science Review, 89(3): 582-600.

Cummings L L, Bromiloy P T. 1996. The organizational trust inventory(OTI): development and validation//Kramer R U, Tylor T R. Trust in Organization: Frontiers of Theory and Research. Thousand Oaks: Sage: 302-330.

Deutsch M. 1958. Trust and suspicion. The Journal of Conflict Resolution, 2(4): 265-279.

de Oliveira A C M, Croson R T A, Eckel C. 2009. Are preferences stable across domains? An experimental investigation of social preferences in the field. CBEES Working Paper#2008-3.

Eriksson N E, Wihl J A, Arrendal H, et al. 2007. Sensitization to various tree pollen allergens in Sweden. A

Multi-Centre Study, 4: 28.

Fehr E, Schmidt K. 1999. A theory of fairness, competition, and cooperation. Quarterly Journal of Economics, 114(3): 817-868.

Franken J R V, Cook M L. 2015. Investment constraints in agricultural cooperatives. San Francisco: Agricultural and Applied Economics Association and Western Agricultural Economics Association Annual Meeting.

Fulton M, Giannakas K. 2001. Organizational commitment in a mixed oligopoly: agricultural cooperatives and investor-owned firms. American Journal of Agricultural Economics, 83(5): 1258-1265.

Giith W, Ockenfels P, Wendel M. 1997. Cooperation based on trust: an experimental investigation. Journal of Economic Psychology, 18: 15-43.

Hakelius K. 1999. Individual equity capital of agricultural cooperatives. Review of International Cooperation, 91: 48-54.

Hannan R. 2014. Good co-operative governance: the elephant in the room with rural poverty reduction. Journal of International Development, 26(5): 701-712.

Hansen M H, Morrow J L, Batista J C. 2002. The impact of trust on cooperative membership retention, performance, and satisfaction: an exploratory study. Journal International Food and Agribusiness Management Review, 5: 41-59.

Harvey J, Sykuta M. 2005. Property right and organizational characteristics of producer-owned firms and organizational trust. Annals of Public and Cooperative Economics, 76(4): 545-580.

Harvery J, Sykuta M. 2006. Farmer trust in producer and investor owned firms: evidence from Missouri corn and soybean producers. Agribusiness: An International Journal, 22(1): 135-153.

Hobbes T. 1651. Leviathan. New Haven: Yale University Press.

Hogeland J A. 2006. The economic culture of U. S. agricultural cooperatives. Culture and Agriculture, 28(2): 67-79.

Iliopoulos C. 2013. Public policy support for agricultural cooperatives: an organizational economics approach. Annals of Public and Cooperative Economics, 84(3): 241-252.

Jones G R, George J M. 1998. The experience and evolution of trust-implications for cooperation and teamwork. Academy of Management Review, 23(3): 531-546.

Jussila I, Goel S, Tuominen P. 2012. Governance of co-operative organizations: a social exchange perspective. Business and Management Research, 1(2): 14.

Knack S. 1992. Civic norms, social sanctions, and voter turnout. Rationality and Society, 4(4): 56-133.

Kydd A. 2015. Trust, reassurance, and cooperation. International Organization, 54(2): 325-357.

Lele U. 1981. Co-operatives and the poor: a comperative perspective. World Development, 9: 55-72.

Lewis J D, Weigert A. 1985. A Trust as a social reality. Social Forces, 63(4): 967-985.

Lorenz E. 1999. Trust, contract and economic cooperation. Cambridge Journal of Economics, 23: 301-315.

Lui S S, Ngo H Y. 2004. The role of trust and contractual safeguards on cooperation in non-equity alliances.

Journal of Management, 30(4): 471-485.

Mark H, Hansen J L, Morrow J R. 2002. The impact of trust on cooperative membership retention, performance and satisfaction: an exploratory study. International Food and Agribusiness Management Review, 5(1): 41-59.

Martins N A. 2002. Model for managing trust. International Journal of Manpower, 23(8): 754-769.

Mayer R C, Davis J H, Schoorman F D. 1995. An integrative model of organizational trust. Academy of Management Review, 20: 709-734.

Mcallister D J. 1995. Affect-and cognition-based trust as foundations for interpersonal cooperation in organizations. Academy of Management Journal, 38(1): 24-59.

Monuchehr B, Morad A, Freidoon S, et al. 2015. Investigating the solutions for customers' satisfaction of rural cooperatives stores in terms of market turmoil. European Online Journal of Natural and Social Sciences, 4(1): 699-705.

Murray F. 1995. The future of Canadian agricultural cooperatives: a property rights approach. American Journal of Agricultural Economics, 77(5): 1144-1152.

Nilsson J. 1998. The emergence of new organizational models for agricultural cooperatives. Swedish Journal of Agricultural Sciences, 28: 39-47.

Nilsson J, Svendsen G L H, Svendsen G T. 2012. Are large and complex agricultural cooperatives losing their social capital?. Agribusiness, 28(2): 187-204.

Novkovic S. 2013. Reflections on the international symposium of co-operative governance. Journal of Co-operative Organization and Management, 1(2): 93-95.

Ortmann G F, King R P. 2007a. Agricultural cooperatives I: history, theory and problems. Agrekon, 46(1): 18-46.

Ortmann G F, King R P. 2007b. Agricultural cooperatives II: can they facilitate access of small-scale farmer in South Africa to input and product markets?Agrekon, 46(2): 219-244.

Pallavi C. 2013. Credit and capital formation in agriculture: a growing disconnect. Social Scientist, 41(9): 59-67.

Pinto J K, Slevin D P, Brent E. 2009. Trust in projects: an empirical assessment of owner/contractor relationships. International Journal of Project Management, 27(5): 638-648.

Rafael L P, Florencio L D, Andrei S, et al. 1997. Trust in large organizations. Paper and Proceedings, 5: 333-338.

Rehman A, Luan J D, Yuneng D. 2015. Rural credit cooperatives RCCs financial system and role in economic development of china. International Journal of Advanced Research, 3(4): 434-439.

Robert D C, Selim S I, Jason J B. 1998. A multi-dimensional study of trust in organization. Journal of Managerial Issue, 10: 303-317.

Sahay B S. 2003. Understanding trust in supply chain relationships. Industrial Management Data Systems, 103(8): 553-564.

Salavou H E, Sergaki P. 2013. Generic business strategies in Greece: private food firms versus agricultural cooperatives. Journal of Rural Cooperation, 41(1) : 44-59.

Schindlel P L, Thomas C. 1993. The structure of interpersonal trust in the workplace. Psycho-logical Reports, 73(2): 563-574.

Tan H H, Tan C S. 2000. Toward the differentiation of trust in supervisor and trust in organization. Genetic, Social, and General Psychology Monographs, 126(2): 241-260.

Todd H C, John F M. 1996. Integrating variable risk preferences trust, and transaction cost economics. Academy of Management Review, 21(1): 73-99.

Whitener E M, Brodt S E, Korsgaard M A, et al. 1998. Managers as initiators of trust: an exchange relationship framework for understanding managerial trustworthy behavior. Academy of Management Review, 23(2): 513-530.

Williams M. 2011. In whom we trust: group membership as an affective for trust development. Academy of Management Review, 26(3): 377-396.

Wong W. 2008. A single gene network accurately predicts phenotypic effects of gene perturbation in Caenorhabditis elegans. Nature Genetics, 3: 226.

Zak P J, Knack S. 2001. Trust and growth. The Economic Journal, 111(4): 295-321.

Zeuli K A. 1999. New risk-management strategies for agricultural cooperatives. American Journal of Agricultural Economics, 81(5): 1234-1239.

Zhu J M, Guo Y. 2015. Rural development led by autonomous village land cooperatives: its impact on sustainable China's urbanization in high-density regions. Urban Studies, 52(8) : 1395-1413.

Zuker L G. 1986. Production of trust: institutional source of economic structure. Research in Organizational Behavior, 8: 53-111.

Zvi L, Claudia P. 1991. Size and industry effects in the performance of agricultural cooperatives. Agricultural Economics, 6: 15-29.

附　　录

附录一　农民合作社管理层调查问卷

调查日期：_____　　　　合作社名称：_____

各位农民合作社的领导：

　　您好！感谢您在百忙之中抽出时间来完成问卷，本问卷主要是针对农民合作社所展开的，旨在调查当前农民合作社的发展状况。您的问答是我们研究的基础，希望您真实填写这份问卷，谢谢您！

一、合作社基本情况

1. 合作社的名称：_____

2. 合作社创立年份：_____

3. 是否在工商部门进行注册：
(1)是　　　　　　　　　(2)否

4. 合作社出售的产品是否属于假冒伪劣产品：
(1)是　　　　　　　　　(2)否

5. 合作社是否统一为社员采购农业投入品：
(1)是　　　　　　　　　(2)否

6. 合作社是否加工农产品：
(1)是　　　　　　　　　(2)否

7. 是否有龙头企业(公司)参与合作社的组建：

(1)是　　　　　　　　　　　(2)否

8. 是否有供销社和其他组织参与合作社的组建：

(1)是　　　　　　　　　　　(2)否

9. 合作社的业务是否以当地的主要农产品为依托：

(1)是　　　　　　　　　　　(2)否

10. 在同一地区内是否有经营同类农产品的同行：

(1)是　　　　　　　　　　　(2)否

二、合作社 2015 年的经营状况

1. 年末所有的在职社员人数(人)：_____

2. 企业、事业单位或者社会团体社员的人数(人)：_____

3. 当地非社员农户总数(户)：_____

4. 年末固定总资产(万元)：_____

5. 年度服务性业务总收入(万元)：_____

6. 年度利润总额(总收入减去总支出)(万元)：_____

7. 公积金、公益金和风险金在总利润中占的比例(%)：_____

8. 利润中按股金比例返还给社员的比例(%)：_____

9. 利润中按与社员的交易量(额)返还给社员的比例(%)：_____

10. 对社员进行技术、知识等培训的次数(次)：_____

11. 社员按照合作社生产技术操作规程开展生产的土地面积占全部土地面积的比例：

(1)0～10%　　　　　　　(2)11%～20%　　　　　　(3)21%～30%

(4)31%～40%　　　　　　(5)41%～50%　　　　　　(6)51%～60%

(7)61%～70%　　　　　　(8)71%～80%　　　　　　(9)81%～90%

(10)91%～100%

三、合作社的战略

合作社使用下列经营策略的程度：
(1)完全使用　　　　　(2)基本使用　　　　　(3)部分使用
(4)较少使用　　　　　(5)基本不使用　　　　(6)完全不使用

编号	合作社经营策略	使用程度
1	根据对象不同提供差别化的产品	
2	根据客户的意见适当调整产品价格	
3	根据市场需求确定投入产品的数量	
4	需要社员掌握一定的技术和质量标准	
5	为市场提供品牌化的产品	
6	根据所需的订单要求安排社员的生产	

四、合作社的组织结构和治理机制

1. 合作社是否采取股份制：
(1)是　　　　　　　　(2)否

如果合作社采用股份制，请回答问题 2.1～2.5(没有的话，不回答)
2.1 社员之间所持有合作社股份的差异程度：＿＿＿＿＿
(1)非常低　　　　　　(2)比较低　　　　　　(3)一般
(4)比较高　　　　　　(5)非常高

2.2 企业、事业单位或者社会团体社员的股金占总股金的比例(%)：＿＿＿＿＿

2.3 最大出资者的股金占总股金的比重(%)＿＿＿＿＿：其在合作社的职位：

＿＿＿＿＿

2.4 前五大出资者在合作社的股金占总股金的比重：
(1)0～10%　　　　　　(2)11%～20%　　　　　(3)21%～30%
(4)31%～40%　　　　　(5)41%～50%　　　　　(6)51%～60%

(7)61%～70%　　　　　(8)71%～80%　　　　　(9)81%～90%

(10)91%～100%

2.5 合作社的前十大出资者的股金占总股金的比重：

(1)0～10%　　　　　　(2)11%～20%　　　　　(3)21%～30%

(4)31%～40%　　　　　(5)41%～50%　　　　　(6)51%～60%

(7)61%～70%　　　　　(8)71%～80%　　　　　(9)81%～90%

(10)91%～100%

3. 合作社的理事会成员人数(人)：＿＿＿＿＿＿

4. 在理事会当中，生产和供销合作社及运销大户，龙头企业或者农村基层组织的成员人数(人)：＿＿＿＿＿＿

5. 在理事会中，非合作社成员的人数：＿＿＿＿＿＿

6. 合作社的社长①是否同时也是合作社的经理：

(1)是　　　　　　　　　(2)否

7. 所有理事会成员持有的股份数量，或者占有的产品交易量加在一起占合作社总量的比例：

(1)0～10%　　　　　　(2)11%～20%　　　　　(3)21%～30%

(4)31%～40%　　　　　(5)41%～50%　　　　　(6)51%～60%

(7)61%～70%　　　　　(8)71%～80%　　　　　(9)81%～90%

(10)91%～100%

8. 理事会成员是否领取一定的报酬(工资或者津贴等)：

(1)是　　　　　　　　　(2)否

如果理事会成员领取一定的报酬，该部分占合作社当年盈余的比重：

(1)5%及以内　　　　　(2)6%～10%　　　　　(3)11%～15%

(4)16%～20%　　　　　(5)21%～25%　　　　　(6)26%～30%

---

① 本调查问卷中的社长即农民合作社的法定代表人——理事长。

(7) 31%～35%　　　　　(8) 36%～40%　　　　　(9) 41%～45%

(10) 46%～50%

9. 在 2015 年理事会会议召开的次数(次)：_____

10. 理事会会议是否实行一人一票的决策：

(1) 是　　　　　　　　(2) 否

11. 在 2015 年社员(代表)大会召开的次数(次)：_____

12. 社员(代表)大会否坚持一人一票的表决方式：

(1) 是　　　　　　　　(2) 否

13. 出资额或者交易量(额)较大的成员，在社员(代表)大会上是否持有特殊的表决权：

(1) 是　　　　　　　　(2) 否

14. 在 2015 年监事会会议召开的次数(次)：_____

15. 合作社是否有详细的各种会议的记录：

(1) 是　　　　　　　　(2) 否

16. 合作社是否有详细的社员产品交易记录：

(1) 是　　　　　　　　(2) 否

17. 在 2015 年合作社财务信息公开的次数(次)：_____

18. 社员是否有权按规定查看合作社会议记录、财务状况：

(1) 是　　　　　　　　(2) 否

19. 社员账户中是否有记录产品交易量、公积金份额和盈余返还的账户：

(1) 是　　　　　　　　(2) 否

20. 合作社与社员是否签订稳定的销售合同：
(1)是　　　　　　　　　　　(2)否

21. 合作社是否以高于市场行情的价格收购社员产品：
(1)是　　　　　　　　　　　(2)否

22. 向社员收购产品是否根据质量不同支付不同价格：
(1)是　　　　　　　　　　　(2)否

23. 合作社在向社员提供服务时是否有优惠：
(1)是　　　　　　　　　　　(2)否

24. 合作社当年提取的公积金是否量化为每个成员的份额：
(1)是　　　　　　　　　　　(2)否

25. 合作社是否按照社员与本社的交易量(额)比例将盈余返还给社员：
(1)是　　　　　　　　　　　(2)否

26. 当社员退社时，是否退还其出资额：
(1)是　　　　　　　　　　　(2)否

27. 当社员退社时，是否可以按一定的比例分享公共积累：
(1)是　　　　　　　　　　　(2)否

28. 当社员退社时，是否可以按一定的比例分享合作社未分配财产：
(1)是　　　　　　　　　　　(2)否

29. 有关部门是否有促进合作社发展的条例和政策：
(1)是　　　　　　　　　　　(2)否

30. 有关行政主管部门，是否要求合作社备案并对年度财产报告和工作总结进行审计：
(1)是　　　　　　　　　　　(2)否

31. 合作社是否获得过有关部门的优惠政策扶持：
(1)是　　　　　　　　　　(2)否

32. 合作社是否获得过有关部门及组织的资金扶持：
(1)是　　　　　　　　　　(2)否

五、合作社 2015 年的绩效评价

1. 截至 2015 年底，合作社经营的时间是否超过三年：
(1)是　　　　　　　　　　(2)否

2. 与理事会年初的预期相比合作社的业务增长速度：
(1)差很多　　　　　　　(2)差一点　　　　　　　(3)没有差别
(4)好一些　　　　　　　(5)好很多

3. 与前两年的情况相比合作社的业务增长速度：
(1)差很多　　　　　　　(2)差一点　　　　　　　(3)没有差别
(4)好一些　　　　　　　(5)好很多

4. 与从事同类农产品经营的竞争者相比合作社的业务增长速度：
(1)差很多　　　　　　　(2)差一点　　　　　　　(3)没有差别
(4)好一些　　　　　　　(5)好很多

5. 与管理层(理事会)年初的预期相比合作社的盈余能力：
(1)差很多　　　　　　　(2)差一点　　　　　　　(3)没有差别
(4)好一些　　　　　　　(5)好很多

6. 与前两年的情况相比合作社的盈余能力：
(1)差很多　　　　　　　(2)差一点　　　　　　　(3)没有差别
(4)好一些　　　　　　　(5)好很多

7. 与从事同类农产品经营的竞争者相比合作社的盈余能力：
(1)差很多　　　　　　　(2)差一点　　　　　　　(3)没有差别
(4)好一些　　　　　　　(5)好很多

8. 总体而言，在满足社员需求和提高社员收入方面的效果为：
(1)非常差   (2)比较差   (3)一般
(4)比较好   (5)非常好

9. 总体而言，社员对合作社业务的参与程度为：
(1)非常低   (2)比较低   (3)一般
(4)比较高   (5)非常高

10. 总体而言，社员对合作社的满意程度和认可程度为：
(1)非常低   (2)比较低   (3)一般
(4)比较高   (5)非常高

11. 在当地从事同类产品人员中，社员与非社员相比年均纯收入：
(1)差很多   (2)差一点   (3)没有差别
(4)好一些   (5)好很多

12. 合作社对于当地经济社会发展带来的积极影响：
(1)非常不显著   (2)不显著   (3)一般
(4)显著   (5)非常显著

13. 加入合作社的人越来越多：
(1)非常不显著   (2)不显著   (3)一般
(4)显著   (5)非常显著

六、合作社的联系方式

社长姓名：＿＿＿＿＿＿＿＿＿＿

电话：＿＿＿＿＿＿＿＿＿＿手机：＿＿＿＿＿＿＿＿＿＿

通信地址(邮政编码)：＿＿＿＿＿＿＿＿＿＿

附录二 农民合作社社员调查问卷

各位社员：

您好！十分感谢您能抽出时间来完成问卷，本问卷旨在调查当前农民合作社的内部信任状况。您的问答是我们研究的基础，希望您真实填写这份问卷，谢谢您！（在预选项下打"√"即可）

1. 您的年龄：

①30 岁及以下　　　　　　②31～40 岁　　　　　　③41～50 岁

④51～60 岁

2. 您的受教育程度：

①小学及以下　　　　　　②初中　　　　　　③高中

④大学

3. 您与人交往中，您对其他社员信任程度：

①非常信任　　　　　　②比较信任　　　　　　③信任

④不太信任　　　　　　⑤非常不信任

4. 您对合作社的熟悉程度：

①非常熟悉　　　　　　②比较熟悉　　　　　　③熟悉

④不熟悉　　　　　　⑤非常不熟悉

5. 您觉得社长①的经营管理能力：

①非常强　　　　　　②比较强　　　　　　③一般

④不太强　　　　　　⑤非常不强

6. 您觉得社长对合作社及社员的责任心：

①非常强　　　　　　②比较强　　　　　　③一般

④不太强　　　　　　⑤非常不强

---

① 本调查问卷中的社长即农民合作社的法定代表人——理事长。

7. 您觉得社长对社员利益的关心程度：

①非常强　　　　　　　　②比较强　　　　　　　③一般

④不太强　　　　　　　　⑤非常不强

8. 您认为社长听取社员意见程度：

①非常强　　　　　　　　②比较强　　　　　　　③一般

④不太强　　　　　　　　⑤非常不强

9. 您认为合作社能力比较强的社员人数：

①非常多　　　　　　　　②比较多　　　　　　　③一般

④比较少　　　　　　　　⑤非常少

10. 您认为合作社比较正直的社员人数：

①非常多　　　　　　　　②比较多　　　　　　　③一般

④比较少　　　　　　　　⑤非常少

11. 您认为合作社声誉比较好的社员人数：

①非常多　　　　　　　　②比较多　　　　　　　③一般

④比较少　　　　　　　　⑤非常少

12. 您认为合作社分红制度的规范程度：

①非常高　　　　　　　　②比较高　　　　　　　③一般

④比较低　　　　　　　　⑤非常低

13. 您认为合作社监督惩罚制度的规范程度：

①非常高　　　　　　　　②比较高　　　　　　　③一般

④比较低　　　　　　　　⑤非常低

14. 您认为合作社组织内部关系的公平程度：

①非常高　　　　　　　　②比较高　　　　　　　③一般

④比较低　　　　　　　　⑤非常低

15. 您与合作社之间的交易频率：

①非常高　　　　　　　　②比较高　　　　　　　③一般

④比较低   ⑤非常低

16. 您是否容易会为了一己私利而侵害大家的利益:
①非常容易   ②比较容易   ③一般容易
④比较难   ⑤非常难

17. 您是否容易和大家共同处理经营过程中产生的问题:
①非常容易   ②比较容易   ③一般容易
④比较难   ⑤非常难

18. 您是否容易为了大家共同的目标付出自己的努力:
①非常容易   ②比较容易   ③一般容易
④比较难   ⑤非常难

19. 如果可以帮助合作社的话,您是否容易向其提供您私有的财产:
①非常容易   ②比较容易   ③一般容易
④比较难   ⑤非常难

20. 市场变化情况下,如有必要,您是否容易灵活处理产品调价的问题:
①非常容易   ②比较容易   ③一般容易
④比较难   ⑤非常难

21. 您认为获取其他社员基本信息的难易程度:
①非常容易   ②比较容易   ③一般容易
④比较难   ⑤非常难

22. 您认为获知其他社员通过合作社获益信息的难易程度:
①非常容易   ②比较容易   ③一般容易
④比较难   ⑤非常难

23. 您认为获知其他社员为合作社付出信息的难易程度:
①非常容易   ②比较容易   ③一般容易
④比较难   ⑤非常难

24. 您认为获知其他社员之间关系密切程度信息的难易程度：
①非常容易　　　　　　　②比较容易　　　　　　　③一般容易
④比较难　　　　　　　　⑤非常难

25. 您认为获取社长基本信息的难易程度：
①非常容易　　　　　　　②比较容易　　　　　　　③一般容易
④比较难　　　　　　　　⑤非常难

26. 您认为获取社长经营管理能力信息的难易程度：
①非常容易　　　　　　　②比较容易　　　　　　　③一般容易
④比较难　　　　　　　　⑤非常难

27. 您认为获取社长声誉威望信息的难易程度：
①非常容易　　　　　　　②比较容易　　　　　　　③一般容易
④比较难　　　　　　　　⑤非常难

28. 您认为获取社长社会关系网络信息的难易程度：
①非常容易　　　　　　　②比较容易　　　　　　　③一般容易
④比较难　　　　　　　　⑤非常难

29. 您认为获取社长责任心信息的难易程度：
①非常容易　　　　　　　②比较容易　　　　　　　③一般容易
④比较难　　　　　　　　⑤非常难

30. 您认为获取社长秉公廉洁程度信息的难易程度：
①非常容易　　　　　　　②比较容易　　　　　　　③一般容易
④比较难　　　　　　　　⑤非常难

31. 您认为获取合作社基本信息的难易程度：
①非常容易　　　　　　　②比较容易　　　　　　　③一般容易
④比较难　　　　　　　　⑤非常难

32. 您认为获取合作社制度运行有效性信息的难易程度：
①非常容易　　　　　　　②比较容易　　　　　　　③一般容易

④比较难 ⑤非常难

33. 您认为获取合作社融资贷款能力信息的难易程度：
①非常容易 ②比较容易 ③一般容易
④比较难 ⑤非常难

34. 您认为获取合作社发展前景信息的难易程度：
①非常容易 ②比较容易 ③一般容易
④比较难 ⑤非常难

35. 您认为获取合作社分红机制信息的难易程度：
①非常容易 ②比较容易 ③一般容易
④比较难 ⑤非常难

36. 您认为督促合作社建立合理、规范的分红制度的难易程度：
①非常容易 ②比较容易 ③一般容易
④比较难 ⑤非常难

37. 您认为督促合作社建立合理、规范的财务制度的难易程度：
①非常容易 ②比较容易 ③一般容易
④比较难 ⑤非常难

38. 您认为督促合作社建立合理、规范的入社和退社制度的难易程度：
①非常容易 ②比较容易 ③一般容易
④比较难 ⑤非常难

39. 您认为督促合作社分红制度规范、有效执行的难易程度：
①非常容易 ②比较容易 ③一般容易
④比较难 ⑤非常难

40. 您认为督促合作社财务制度规范、有效执行的难易程度：
①非常容易 ②比较容易 ③一般容易
④比较难 ⑤非常难

41. 您认为督促合作社的入社和退社制度规范、有效执行的难易程度：
①非常容易　　　　　　　②比较容易　　　　　　　③一般容易
④比较难　　　　　　　　⑤非常难

42. 您与合作社管理者关系密切程度：
①非常好　　　　　　　　②比较好　　　　　　　　③一般
④比较差　　　　　　　　⑤非常差

43. 当您遇到困难向管理者讲时，他乐意倾听的程度：
①非常乐意　　　　　　　②比较乐意　　　　　　　③一般乐意
④比较不乐意　　　　　　⑤非常不乐意

44. 如果您不加入合作社，您感到失落的程度：
①非常大　　　　　　　　②比较大　　　　　　　　③一般
④比较小　　　　　　　　⑤非常小

45. 您为与社长建立良好关系所进行感情投资的数量：
①非常多　　　　　　　　②比较多　　　　　　　　③一般
④比较少　　　　　　　　⑤非常少

45. 您认可合作社动机的程度：
①非常大　　　　　　　　②比较大　　　　　　　　③一般
④比较小　　　　　　　　⑤非常小

47. 您认可合作社目标的程度：
①非常大　　　　　　　　②比较大　　　　　　　　③一般
④比较小　　　　　　　　⑤非常小

48. 合作社所做的事与您的习惯和道德标准相符合的程度：
①非常符合　　　　　　　②比较符合　　　　　　　③一般符合
④比较不符合　　　　　　⑤非常不符合

49. 您与合作社有效合作会实现您利益最大化的可能性：
①非常大　　　　　　　　②比较大　　　　　　　　③一般

④比较小　　　　　　　　⑤非常小

50. 您与合作社管理者有共同利益基础的可能性：
①非常大　　　　　　　②比较大　　　　　　　③一般
④比较小　　　　　　　⑤非常小

51. 社员（代表）大会每年能按期举行的可能性：
①非常大　　　　　　　②比较大　　　　　　　③一般
④比较小　　　　　　　⑤非常小

52. 社员在社员（代表）大会上可以有效行使表决权的可能性：
①非常大　　　　　　　②比较大　　　　　　　③一般
④比较小　　　　　　　⑤非常小

53. 社员可以及时了解合作社的会议记录、财务状况的可能性：
①非常大　　　　　　　②比较大　　　　　　　③一般
④比较小　　　　　　　⑤非常小

54. 在合作社做出决议之前，所有社员的关注被了解的可能性：
①非常大　　　　　　　②比较大　　　　　　　③一般
④比较小　　　　　　　⑤非常小

55. 您目前退社的想法：
①非常强烈　　　　　　②比较强烈　　　　　　③一般
④比较不强烈　　　　　⑤非常不强烈

56. 您对社长及合作社的信任情况：
(1)您知道社长或其他社员将怎么做，他的行为总是不出您所料：
①非常正确　　　　　　②比较正确　　　　　　③一般正确
④比较不正确　　　　　⑤非常不正确

(2)社长或其他社员都是完全可以依靠的人，尤其在遇到重大事件时：
①非常正确　　　　　　②比较正确　　　　　　③一般正确
④比较不正确　　　　　⑤非常不正确

(3)社长或其他社员都是十分诚实的人，即便其说出令您无法相信的话，别人也会相信其说的是事实：

　　①非常正确　　　　　　　②比较正确　　　　　　　③一般正确

　　④比较不正确　　　　　　⑤非常不正确

(4)对社长或其他社员的行为方式十分熟悉，其做事总会有一定的规矩可循：

　　①非常正确　　　　　　　②比较正确　　　　　　　③一般正确

　　④比较不正确　　　　　　⑤非常不正确

(5)您相信合作社的盈余分配是公平的：

　　①非常相信　　　　　　　②比较相信　　　　　　　③一般相信

　　④比较不相信　　　　　　⑤非常不相信

(6)您相信退社时能保质保量地拿到属于我的公积金：

　　①非常相信　　　　　　　②比较相信　　　　　　　③一般相信

　　④比较不相信　　　　　　⑤非常不相信

(7)您相信其他社员"搭便车"的现象会越来越少：

　　①非常相信　　　　　　　②比较相信　　　　　　　③一般相信

　　④比较不相信　　　　　　⑤非常不相信

(8)您相信现有的治理结构有助于合作社的发展：

　　①非常相信　　　　　　　②比较相信　　　　　　　③一般相信

　　④比较不相信　　　　　　⑤非常不相信

57. 加入合作社后，您家从合作社得到了哪些好处，满意程度如何？（请在合适位置打"√"）

您家从合作社得到了下列哪些好处	是否得到	满意度评价				
		很不满意	不满意	基本满意	满意	很满意
种子和种苗服务	是　否					
技术和培训服务	是　否					

您家从合作社得到了下列哪些好处	是否得到	满意度评价				
		很不满意	不满意	基本满意	满意	很满意
农资供应服务	是 否					
方便产品销售	是 否					
产品卖了个好价格	是 否					
产品保鲜、存储与加工	是 否					
融资服务	是 否					
按交易量(额)返利	是 否					
按股分红	是 否					

58. 参加合作社后，您家在产品生产与销售方面与没有参加合作社前相比有了哪些变化：

(1)平均产量提高：

①非常大　　　　　　　②比较大　　　　　　　③一般

④比较小　　　　　　　⑤非常小

(2)农产品生产产量稳定程度：

①非常大　　　　　　　②比较大　　　　　　　③一般

④比较小　　　　　　　⑤非常小

(3)产品质量提高：

①非常大　　　　　　　②比较大　　　　　　　③一般

④比较小　　　　　　　⑤非常小

(4)平均生产成本降低程度：

①非常大　　　　　　　②比较大　　　　　　　③一般

④比较小　　　　　　　⑤非常小

(5)平均销售价格提高：

①非常大　　　　　　　②比较大　　　　　　　③一般

④比较小　　　　　　　⑤非常小

(6)农产品平均销售价格稳定：

①非常大   ②比较大   ③一般

④比较小   ⑤非常小

(7)收入提高：

①非常大   ②比较大   ③一般

④比较小   ⑤非常小

(8)您得到的盈利返还数总体上涨趋势：

①非常大   ②比较大   ③一般

④比较小   ⑤非常小